Natalie Fricero

L'essentiel de la Procédure civile

14e édition
2017 2018

Gualino une marque de Lextenso

LES CARRÉS

Cette collection de livres présente de manière synthétique, rigoureuse et pratique l'ensemble des connaissances que l'étudiant doit posséder sur le sujet traité. Elle couvre :
- le Droit et la Science Politique ;
- les Sciences économiques ;
- les Sciences de gestion ;
- les concours de la Fonction publique.

Natalie Fricero est Professeur à l'Université Nice Côte d'Azur, Directeur de l'Institut d'Etudes judiciaires et Présidente de la Commission nationale d'examen d'avocats.

Du même auteur, chez le même éditeur

Collection « Carrés Rouge »

– *L'essentiel de la Procédure civile*, 14e éd. 2017-2018.
– *L'essentiel des Institutions judiciaires*, 9e éd. 2017.
– *L'essentiel des Procédures civiles d'exécution*, 7e éd. 2017-2018.

Collection « Mémentos LMD »

– *Institutions judiciaires*, 8e éd. 2017.
– *Procédure civile*, 14e éd. 2017-2018.
– *Procédures civiles d'exécution*, 7e éd. 2017-2018.

70, rue du Gouverneur Général Éboué
92131 Issy-les-Moulineaux cedex
ISBN 978 - 2 - 297 - 06409 - 5
ISSN 1288-8206

PRÉSENTATION

La procédure civile est l'ensemble des règles organisant le recours au juge pour obtenir la résolution des conflits nés dans la société civile (issus de rapports familiaux, de relations d'affaires, d'un contrat de travail...). Elle définit d'abord les conditions de la mise en œuvre du droit de l'homme que constitue le droit d'accès à un tribunal (théorie de l'action en justice) et établit des juges compétents pour statuer (théorie de la compétence). Puis elle ***organise le déroulement du procès jusqu'à l'obtention d'un jugement***, en déterminant les principes fondamentaux d'un procès équitable (respect de la contradiction, délai raisonnable, égalité des armes). Elle ***détermine*** ensuite ***les conditions d'élaboration du jugement***, ainsi que les attributs dont il est doté pour que la décision du juge acquière l'autorité de la chose jugée et institue des mécanismes procéduraux permettant de contester la décision (voies de recours). Comme le droit à l'exécution des décisions de justice fait partie intégrante d'un droit au juge effectif, la procédure civile ***réglemente*** enfin ***les conditions de l'exécution des jugements*** (force exécutoire, signification). Seules les procédures civiles d'exécution (saisies) ne font pas partie de cet ouvrage, puisqu'elles sont étudiées dans une matière autonome consacrée aux voies d'exécution (elles font partie d'un Code des procédures civiles d'exécution depuis l'ordonnance n° 2011-1895 du 19 décembre 2011).

Les sources de la procédure civile sont essentiellement regroupées dans un Code de procédure civile (CPC), promulgué par le décret n° 75-1123 du 5 décembre 1975. D'autres textes figurent en annexes, ou dans d'autres codes (ex. le Code de l'organisation judiciaire, COJ). Le Parlement intervient en ce qui concerne « *la création de nouveaux ordres de juridiction et le statut des magistrats* » (Const. 1958, art. 34) sous la forme de lois. Les autres domaines de la procédure civile relèvent de décrets (Const. 1958, art. 37 : ils ont un caractère réglementaire). L'influence de la Convention européenne des droits de l'Homme (4 novembre 1950, ratifiée par la France le 3 mai 1974) est capitale : l'article 6, § 1 oblige les États à garantir aux justiciables le droit d'être entendus par un tribunal indépendant et impartial, d'obtenir un jugement dans un délai raisonnable, suivant un procès équitable et public, ainsi que le droit à une exécution rapide de la décision. L'applicabilité directe de la Convention a conduit à de nombreux aménagements du procès civil. Le droit de l'Union européenne joue également un rôle important : l'article 47 de la Charte des droits fondamentaux de l'Union européenne précise les exigences communes, et les règlements définissent des procédures applicables dans les litiges transfrontaliers. Les contraintes budgétaires actuelles et la modernisation de l'action publique conduisent à de nombreuses propositions de réformes qui seront exposées.

La procédure civile constitue le droit applicable à toutes les juridictions de l'ordre judiciaire statuant en matière civile, sociale, prud'homale, rurale ou commerciale.

SOMMAIRE

SOMMAIRE

SOMMAIRE

PARTIE 2
La compétence

SOMMAIRE

PARTIE 3
Les procédures

SOMMAIRE

SOMMAIRE

PARTIE 4
Les voies de recours

SOMMAIRE

Liste des abréviations

AJ	Aide juridictionnelle
CESDH	Convention de sauvegarde des droits de l'homme
CGCT	Code général des collectivités territoriales
COJ	Code de l'organisation judiciaire
CPC	Code de procédure civile
CPC exéc.	Code des procédures civiles d'exécution
C. trav.	Code du travail
C. com.	Code de commerce
D.	Décret
D.	Dalloz (recueil)
MARD	Mode amiable de résolution des différends
JME	Juge de la mise en état
SAUJ	Services d'accueil unique du justiciabl
TGI	Tribunal de grande instance
TMFPO	Tentative de médiation familiale préalable obligatoire

PARTIE 1

Le droit au juge

L'action en justice

Chapitre 1

L'organisation d'un service public de la justice est l'une des prérogatives et des obligations de l'État de droit. Elle obéit à des principes essentiels : égalité, gratuité, permanence, neutralité, et aux exigences européennes du procès équitable.

1 L'existence de l'action en justice

L'article 30 du Code de procédure civile définit l'action en justice comme étant : « *le droit pour l'auteur d'une prétention d'être entendu sur le fond de celle-ci afin que le juge la dise bien ou mal fondée. Pour l'adversaire, l'action est le droit de discuter du bien-fondé de cette prétention* ». Cette seconde définition repose sur une confusion entre le droit d'agir et les droits de la défense : ce qui fonde la possibilité de s'opposer aux prétentions du demandeur, c'est le respect de la contradiction, garantie du procès équitable que le Code de procédure civile qualifie de principe directeur du procès ; de plus, la définition paraît très ambiguë, puisqu'elle ne semble pas autoriser le défendeur à soulever des moyens de procédure, comme les exceptions ou les fins de non-recevoir !

La notion d'action a évolué :

– l'action a d'abord été considérée comme « ***le droit à l'état de guerre*** », puisqu'elle était confondue avec le droit substantiel dont elle n'était qu'un attribut permettant d'assurer sa défense. Cette définition n'était pas conforme à la réalité procédurale dans tous les cas où le juge déboutait le demandeur en décidant que le droit substantiel n'existait pas, puisqu'une action en justice avait bien été exercée ;

– l'action a ensuite été conçue comme ***la voie de droit*** par laquelle une personne s'adresse aux tribunaux pour obtenir la reconnaissance et la protection de ses droits, ou encore le pouvoir impersonnel, abstrait et permanent de s'adresser aux tribunaux, ou enfin la faculté de contraindre le juge à statuer sur le fond, qualifiée de droit subjectif.

Dans la définition du Code de procédure civile, l'action est conçue comme un droit spécifique : elle a un contenu concret, dont l'objet est la prétention émise par un plaideur, et elle oblige le juge à statuer sur le bien ou le mal fondé de cette dernière, à peine de déni de justice. Le droit substantiel invoqué (droit de propriété, droit à réparation) est l'objet de l'action, et la doctrine classe les actions en fonction de cet objet :

– l'action mobilière a pour objet un droit mobilier ;
– l'action immobilière, un droit immobilier ;
– l'action personnelle met en œuvre un droit personnel ;
– l'action réelle, un droit réel ;
– l'action mixte concerne un droit personnel et un droit réel nés de la même opération juridique.

Grâce à la jurisprudence du Conseil constitutionnel – dont la portée s'est accrue avec la question prioritaire de constitutionnalité qui permet à un justiciable de saisir directement le Conseil d'une disposition législative qui méconnaît un droit garanti par la Constitution ou le bloc de constitutionnalité – et à l'applicabilité directe de la Convention européenne de sauvegarde des droits de l'homme et des libertés fondamentales (4 nov. 1950, ratifiée par la France le 3 mai 1974), la nature de l'action en justice doit être définie en des termes différents. L'article 6 § 1 de la CESDH consacre le droit à ce que sa cause soit entendue par un tribunal comme un droit de l'homme ou une liberté fondamentale, qui s'impose aux États de droit (on parle de droit à un « procès équitable »). De plus, par une décision du 9 avril 1996, le Conseil constitutionnel s'est fondé sur l'article 16 de la Déclaration des droits de l'homme et du citoyen du 26 août 1789, qui dispose que toute société dans laquelle la garantie des droits n'est pas assurée... n'a point de constitution, pour considérer qu'en « *principe, il ne doit pas être porté d'atteintes substantielles au droit des personnes intéressées d'exercer un recours effectif devant une juridiction* ». Le droit au juge est constitutionnellement protégé, ce qui interdit à une loi ou à un décret de le limiter de façon trop importante. Le juge est en effet le seul garant de l'effectivité du droit et des droits.

2 Les caractères de l'action en justice

Un droit d'action facultatif

L'exercice de l'action en justice est laissé à la libre appréciation du justiciable : le coût des procédures, l'aspect aléatoire de la décision peut conduire un justiciable à renoncer à agir. De plus, le législateur développe des ***mécanismes de résolution amiable des différends (MARD)***, comme la conciliation, la médiation judiciaire et conventionnelle ou la procédure participative assistée par avocat. Ces MARD sont des processus structurés de résolution des différends à caractère individuel, par lesquels les parties tentent de trouver un accord, qui permettent de résoudre tous les aspects du conflit, tant économiques que psychologiques et relationnels, ce qu'une solution purement juridique ne peut faire. Ils correspondent au besoin du citoyen de participer activement à l'issue du conflit, avec l'aide d'un tiers impartial et compétent (conciliateur de justice ou médiateur, et avec l'assistance d'un avocat). Il est vrai que les modes amiables offrent aux citoyens la possibilité de trouver une solution adaptée à leurs besoins et de rétablir la communication pour maintenir des relations apaisées dans l'avenir ! La loi n° 2016-1547 du 18 novembre 2016 (dite loi *J21*) sur la modernisation de la Justice du XXIe siècle a développé les modes amiables, notamment :

- en imposant ***la tentative de médiation familiale préalable obligatoire*** (TMFPO) à peine d'irrecevabilité de certaines demandes en matière familiale ;
- en prévoyant à peine d'irrecevabilité de la déclaration au greffe devant le tribunal d'instance, ***la tentative préalable de conciliation devant un conciliateur de justice***.

a) La résolution du différend peut être négociée par les parties elles-mêmes

Une clause du contrat peut favoriser la solution amiable d'éventuels litiges nés à l'occasion de l'exécution ou la validité du contrat : clause de bonne foi, d'exécution loyale, d'arrangement amiable, clause d'expertise, clause dite de conciliation ou de médiation. Ces clauses doivent être respectées par les contractants (C. civ., art. 1103 : le contrat fait la loi des parties). La Chambre mixte de la Cour de cassation a décidé que la demande en justice formée par l'un des contractants au mépris d'une clause de conciliation ou de médiation préalable est irrecevable : les contractants doivent d'abord tenter un arrangement et, en cas d'échec, la saisine d'un juge devient possible (on ne peut pas régulariser en tentant un arrangement amiable en cours d'instance). Depuis la loi du 17 juin 2008, la conciliation, la médiation ou la procédure participative suspendent le cours de la prescription, jusqu'à ce que l'échec de la négociation soit constaté (C. civ., art. 2238).

Exemple de règlement amiable : la transaction

La transaction est définie comme le contrat par lequel les parties terminent une contestation née à propos d'un droit dont elles ont la libre disposition, ou préviennent une contestation à naître en se faisant des concessions réciproques. À condition d'avoir été exécutée, la transaction interdit toute action en justice ayant le même objet entre les mêmes parties (C. civ., art. 2052). Elle peut être homologuée par le juge compétent pour obtenir la force exécutoire (ce qui signifie que le gagnant peut recourir à des procédures civiles d'exécution forcée, des saisies de biens pour en obtenir l'exécution forcée). En matière d'accidents de la circulation, la loi impose à l'assureur qui garantit la responsabilité civile de présenter dans un délai maximal de 8 mois à compter de l'accident une offre d'indemnité à la victime qui a subi une atteinte à sa personne (C. assur., art. L. 211-8 et s.). Si cette dernière accepte la transaction, elle dispose d'un délai de 15 jours pour dénoncer l'acte (C. assur., art. L. 211-13).

b) La résolution du conflit peut être négociée avec l'intervention d'un tiers

Le conciliateur de justice est un particulier bénévole, nommé pour une première période d'un an par ordonnance du premier président de la cour d'appel, après avis du procureur général, sur proposition du magistrat coordonnateur des tribunaux d'instance (qui instruit les dossiers ; COJ, art. R. 222-41). À l'issue de celle-ci, le conciliateur de justice peut, dans les mêmes formes, être reconduit dans ses fonctions pour une période renouvelable de deux ans. Le conseil départemental de l'accès au droit est informé de ces nominations. Sa mission est de faciliter, en dehors de toute procédure judiciaire, le règlement amiable des différends portant sur des droits dont les intéressés ont la libre disposition.

Les deux types de mission du conciliateur de justice

Conciliation conventionnelle	Le conciliateur est saisi sans formalisme ; il peut se rendre sur les lieux, entendre toute personne dont l'audition lui paraît utile et a une obligation de secret. Si les parties se concilient, même partiellement, un constat d'accord est rédigé s'il y a une renonciation à un droit et est remis au greffe du tribunal d'instance dont relève le conciliateur. Le juge compétent peut conférer la force exécutoire à ce constat d'accord à la demande de toutes les parties ou de la plus diligente d'entre elles (CPC, livre V, art. 1528 et s.).

Conciliation déléguée	Le juge a une mission générale de conciliation des parties (CPC, art. 21), mais il peut déléguer cette mission à un conciliateur de justice, lorsqu'il existe une disposition spéciale. Cette délégation est prévue pour les tribunaux d'instance et les tribunaux de commerce. Lorsque le conciliateur de justice exerce cette délégation, il est soumis aux dispositions des articles 129-1 et suivants du Code de procédure civile. Il dispose d'un délai de 3 mois, convoque les parties et intervient conformément au processus mis en place avec les parties et les personnes qui les assistent (avocat ou toute personne ayant qualité pour assister devant la juridiction ; CPC, art. 129-3). Si un accord est obtenu, un constat d'accord est obligatoirement rédigé par le conciliateur et signé par lui-même et les parties. Il peut être soumis par les parties ou la plus diligente d'entre elles au juge qui a délégué sa mission en vue d'une homologation (laquelle donne la force exécutoire à l'accord).

Des mécanismes de conciliation collective sont parfois prévus (par ex. dans le domaine du règlement amiable des difficultés de l'entreprise commerciale). La loi *J21* modifie la conciliation en matière de surendettement des débiteurs civils. À partir du 1er janvier 2018, la commission de surendettement ne tentera de **concilier** les parties en vue de l'élaboration d'un plan conventionnel de redressement que si le débiteur est propriétaire d'un bien immobilier. Dans les autres cas, c'est la commission qui impose les mesures adaptées (rééchelonnement ou report des échéances de remboursement ou une procédure de rétablissement personnel). Le juge d'instance n'homologuera plus les recommandations des commissions de surendettement pour les rendre exécutoires et n'interviendra qu'en cas de contestation par l'une des parties (C. consom., art. L. 711-1 et s. et R. 711-1 et s.). ***Le médiateur conventionnel*** est un particulier, qui doit satisfaire à des exigences de moralité, de qualification et d'une formation à la médiation, dont la mission est de permettre aux parties de trouver un arrangement amiable. Le médiateur accomplit sa mission en toute confidentialité. Le recours à la médiation conventionnelle (comme à la conciliation conventionnelle) suspend la prescription depuis la 1re réunion jusqu'au constat d'échec (C. civ., art. 2238). L'ordonnance n° 2011-1540 du 16 novembre 2011, complétée par le décret du 20 janvier 2012 (CPC, art. 1532 et s.) transposant la directive n° 2008/52/CE du 21 mai 2008 et modifiant la loi du 8 février 1995 précise que le médiateur doit être impartial, compétent et diligent. L'accord de médiation conventionnelle peut, à la demande des parties ou de l'une d'elles avec l'accord des autres, être homologué par le juge compétent pour statuer sur le litige (CPC, art. 1534 et 1565 et s.), ce qui lui confère la force exécutoire, laquelle permet le recours à des saisies si le débiteur n'exécute pas spontanément.

Le juge lui-même peut, à l'occasion d'une procédure, désigner un tiers en qualité de ***médiateur***, pour aider les parties à trouver un arrangement. L'accord des parties est nécessaire. Le juge détermine la mission du médiateur, la durée de la médiation judiciaire (3 mois renouvelables), peut y mettre fin en cas de difficulté et fixe la rémunération du médiateur. Le juge homologue à la demande des parties l'accord qu'elles lui soumettent. En pratique, c'est surtout dans les conflits familiaux que le juge aux affaires familiales désigne un médiateur : le médiateur familial, qui est titulaire d'un diplôme spécifique, intervient même de manière obligatoire devant certains tribunaux de grande instance désignés par arrêté (par exemple, dans les conflits sur l'exercice de l'autorité parentale ou l'entretien de l'enfant, qui naîtront après une décision du juge aux affaires familiales, la loi *J21* a rendu la tentative de médiation familiale préalable obligatoire (TMFPO) devant ces 11 juridictions, qui est sanctionnée par l'irrecevabilité de la demande). De nombreuses propositions de réformes insistent sur la nécessité de développer la médiation, en matière familiale comme dans les contentieux de masse (*Rapport IHEJ, La prudence et l'autorité, l'office du juge au XXIe siècle, mai 2013. Rapport Delmas Goyon, Le juge du XXIe siècle, décembre 2013 ; Rapport Marshall, Les juridictions du XXIe siècle, décembre 2013. Rapport Juston-Gargoullaud, Médiation familiale et contrats de coparentalité, 2014*).

Certaines médiations sont soumises à un régime original. Il en est ainsi de la médiation en ligne de la consommation : tous les professionnels doivent proposer aux consommateurs un processus de médiation en ligne (qui reste facultatif et gratuit pour le consommateur). Si les parties ne parviennent pas à un accord, le médiateur peut leur proposer une solution (C. consom., art. L. 611-1 et s. et R. 612-1 et s.).

c) Le règlement du litige peut être imposé par un particulier choisi par les parties

L'arbitrage est le recours à un arbitre, particulier choisi librement par les parties, qui tranche le conflit, le plus souvent en amiable compositeur (ou en droit si les parties n'ont rien stipulé), en rendant une sentence arbitrale revêtue de l'autorité de la chose jugée.

L'arbitrage a un ***domaine étendu***, surtout en matière commerciale (il est interdit pour l'état et la capacité des personnes et les matières intéressant l'ordre public). Il résulte d'une clause compromissoire insérée dans un contrat commercial ou dans un contrat conclu à raison d'une activité professionnelle, ou d'un compromis signé après la naissance du litige. La clause compromissoire doit avoir été acceptée par la partie à laquelle on l'oppose, à moins que celle-ci n'ait succédé aux droits et obligations de la partie qui l'a initialement acceptée. Lorsque l'une des parties n'a pas contracté dans le cadre de son activité professionnelle, la clause ne peut lui être opposée (C. civ., art. 2061).

S'il accepte sa mission, l'arbitre statue dans un délai de 6 mois à compter de sa saisine et dispose de pouvoirs importants : il règle la ***procédure arbitrale*** en respectant les principes directeurs du procès, instruit l'affaire, doit agir avec célérité et loyauté, règle les difficultés relatives à la validité ou aux limites de son investiture et fixe la date à laquelle l'affaire sera mise en délibéré.

La sentence est un acte assimilé à un jugement : elle est rendue à la majorité des voix en cas de pluralité d'arbitres, elle doit exposer succinctement les prétentions des parties et leurs moyens, être motivée et signée par l'arbitre. Elle dessaisit l'arbitre de la contestation (l'arbitre peut néanmoins interpréter sa décision, la compléter s'il a omis de statuer sur un chef de demande, réparer les erreurs ou omissions).

La sentence peut être contestée. Elle est susceptible d'appel devant la cour d'appel à moins que les parties aient renoncé à ce recours dans la convention d'arbitrage, ou que l'arbitre ait reçu mission de statuer en amiable compositeur.

Un recours en annulation est ouvert, si les parties ont renoncé à l'appel, lorsque l'arbitre a statué sans convention, sans se conformer à sa mission, a méconnu le principe de la contradiction ou a violé une règle d'ordre public.

La sentence n'est susceptible ***d'exécution forcée*** qu'en vertu d'une décision d'*exequatur* émanant du Tribunal de grande instance dans le ressort duquel la sentence a été rendue. L'exequatur ne peut être accordé si la sentence est manifestement contraire à l'ordre public. Le gagnant dispose d'un droit à l'exécution fondé sur l'article 6 § 1 de la Convention européenne, puisque la sentence est assimilée à un jugement.

d) La résolution peut enfin être trouvée sous l'autorité du juge étatique

Tout juge peut concilier les parties, au lieu et au moment qu'il estime favorables. La ***phase de conciliation*** devant le juge est parfois obligatoire (devant le tribunal d'instance, le conseil des prud'hommes, le tribunal paritaire de baux ruraux, le juge aux affaires familiales), parfois facultative (devant le tribunal de commerce). S'il y a conciliation totale ou partielle, la teneur de l'accord est constatée dans un procès-verbal signé par le juge et les parties. Des extraits peuvent être délivrés, qui valent titre exécutoire. Aucune voie de recours n'est ouverte, puisque le procès-verbal de conciliation ne constitue pas une décision juridictionnelle. Le juge n'impose pas une solution en droit, il constate l'accord des parties (mais sa présence garantit que les parties ont été informées de leurs droits avant de se concilier ; un recours en nullité exceptionnel pour excès de pouvoir est ouvert si le juge manque à cette obligation d'information).

■ *Un droit d'action libre*

Le justiciable qui engage un procès et qui succombe n'est pas considéré comme ayant commis une faute susceptible d'entraîner sa responsabilité civile. Mais, par application de la théorie de l'abus du droit, celui qui agit en justice de manière dilatoire ou abusive peut être condamné à une amende civile d'un montant maximum de 10 000 euros, sans préjudice des dommages-intérêts qui seraient réclamés. Seuls les actes de malice ou de mauvaise foi ou les erreurs graves équipollentes au dol sont retenus, même si certaines décisions se fondent sur une légèreté blâmable ou une faute non dolosive. L'exercice des voies de recours, notamment l'appel principal dilatoire ou abusif et le pourvoi en cassation abusif, peut donner lieu aux mêmes condamnations. Le droit de se défendre peut également être exercé abusivement à l'aide de manœuvres dilatoires ou de résistances malicieuses.

La recevabilité et la régularité de la demande

Chapitre 2

La demande en justice matérialise le droit d'agir et peut revêtir plusieurs modalités, assignation, déclaration au greffe, requête conjointe ou unilatérale, et est parfois remise au greffe de la juridiction par voie électronique (cour d'appel, TGI à partir du 1er septembre 2019). Pour que le juge statue sur le fond de la prétention, il faut qu'elle soit jugée recevable et régulière, c'est-à-dire conforme à des conditions procédurales tenant à l'existence de l'action et à son exercice.

1 Les conditions d'existence de l'action

Une prétention émise par ou contre une personne dépourvue du droit d'agir est irrecevable, c'est-à-dire que le juge doit écarter la demande sans examen au fond. Il s'agit d'une fin de non-recevoir qui peut être soulevée en tout état de cause et sans que la preuve d'un grief soit nécessaire.

■ *L'allégation d'une prétention*

Le plaideur doit émettre une prétention, quel qu'en soit l'objet : est irrecevable la demande qui ne contient aucune prétention sur laquelle le juge peut statuer. Il a la charge d'alléguer les faits propres à fonder sa demande et de prouver, conformément à la loi, les faits nécessaires au succès de cette prétention.

L'intérêt pour agir

a) Existence d'un intérêt au jour de la demande

L'intérêt peut se définir comme l'utilité du procès pour le plaideur, l'avantage qu'il recherche. L'action est ouverte à tous ceux qui ont un intérêt légitime (la maxime « *Pas d'intérêt, pas d'action* » rend compte de cette condition). L'intérêt pour agir ne doit pas être confondu avec le préjudice dont le plaideur demande réparation : l'examen de la réalité du préjudice, de ses caractéristiques (matériel, moral, actuel, futur et certain ou hypothétique...) relève du fond du droit et non de dispositions procédurales.

L'intérêt pour agir doit exister lors de la formation de la demande (on dit, être « *né et actuel* »), à peine d'irrecevabilité d'ordre public que le juge peut relever d'office. Ainsi, les actions préventives, qui ne procurent aucun avantage au demandeur, sont irrecevables. Il s'agit de :

- l'***action interrogatoire***, par laquelle le demandeur contraint un adversaire qui dispose d'un délai pour agir en justice à prendre parti immédiatement ; l'article 1183 du Code civil prévoit une exception en matière contractuelle : une partie peut demander par écrit à celle qui pourrait se prévaloir de la nullité soit de confirmer le contrat, soit d'agir en nullité dans un délai de six mois à peine de forclusion. La cause de nullité doit avoir cessé et l'écrit mentionne expressément qu'à défaut d'action en nullité exercée avant l'expiration du délai de six mois, le contrat sera réputé confirmé ;
- ou encore l'***action provocatoire*** ou de jactance et de perpétuel silence, par laquelle le demandeur agit contre un adversaire qui se vante d'être bénéficiaire d'un droit, pour qu'il justifie ses allégations ou se taise à jamais.

Néanmoins, la loi comme la jurisprudence considèrent que l'intérêt pour agir peut résulter de la ***menace actuelle d'un trouble futur*** : le demandeur invoque un préjudice dont la réalisation est suffisamment probable pour que l'on décide que le plaideur a un intérêt certain et actuel à faire cesser la menace. Par exemple, s'il existe un motif légitime d'établir ou de conserver, avant tout procès, la preuve de faits dont pourrait dépendre la solution d'un litige, le demandeur peut saisir un juge pour obtenir des mesures d'instruction à futur (CPC, art. 145). De même, le juge des référés peut être saisi pour prononcer des mesures conservatoires dans le but de prévenir un dommage imminent.

Enfin, les ***actions déclaratoires***, par lesquelles le demandeur sollicite du juge qu'il se prononce sur l'étendue ou l'existence d'un droit ou d'une situation juridique incertaine, sont recevables (vérification de nationalité française, vérification d'écriture formée à titre principal contre un acte sous-seing privé). La jurisprudence admet qu'un intérêt de sécurité juridique permet de demander au juge de préciser une situation juridique (par exemple la prescription extinctive d'une créance) même en l'absence de litige.

b) Caractères de l'intérêt

D'après le Code de procédure civile, l'action est ouverte à tous ceux qui ont un ***intérêt légitime*** au succès ou au rejet d'une prétention. Cette condition permet au juge d'assurer un contrôle de la moralité des procès, en déclarant irrecevable une prétention qui ne lui paraît pas conforme à l'ordre public ou aux bonnes mœurs. Mais elle est critiquable, parce qu'elle oblige le juge à apprécier l'objet de la prétention du demandeur, la nature de son préjudice (la maxime « *Nemo auditur propriam turpitudinem allegans* » interdit d'alléguer sa propre turpitude en justice), ce qui relève logiquement du fond, et non de la recevabilité procédurale de la demande. Par exemple, est irrecevable la prétention consistant à demander réparation de rémunérations obtenues grâce à une activité illicite.

L'intérêt pour agir peut être ***personnel ou collectif***. Le titulaire du droit d'agir défend en principe une situation qui lui est personnelle, qu'il s'agisse d'une personne physique (un propriétaire défend son droit de propriété) ou d'une personne morale (une société demande paiement d'une créance sociale). Parfois, l'utilité du procès concerne un ensemble d'individus : le groupement défend alors un intérêt collectif, c'est-à-dire celui d'une collectivité considérée comme une entité (et non la somme des intérêts individuels des membres). Dans ***l'action de groupe***, l'association de consommateurs agréée peut former une action contre un professionnel, et obtenir sa condamnation à réparer le préjudice patrimonial subi par tous les consommateurs placés dans la même situation (C. consom., art. L. 623-1 et s. et R. 623-1 et s., l'association défend les intérêts personnels des consommateurs), c'est-à-dire victime du manquement d'un même professionnel. Si le juge condamne le professionnel, des mesures de publicité sont prises pour que les consommateurs intéressés puissent adhérer au groupe et obtenir la réparation de leur préjudice matériel (en rapportant la preuve de ce préjudice). Si un consommateur n'adhère pas, il peut former une action individuelle contre le professionnel. L'action de groupe a été étendue à de nombreux secteurs par la loi *J21* (CPC, art. 826-2 ; CJA, art. R. 77-10-1 ; C. envir., art. R. 142-10).

■ *La qualité pour agir*

La qualité est l'habilitation légale à élever ou combattre une prétention, ou à défendre un intérêt déterminé. En principe, les actions en justice sont banales, c'est-à-dire que l'action est ouverte à toute personne physique ou morale qui remplit les autres conditions : le propriétaire peut défendre son droit de propriété. Exceptionnellement, la loi limite le nombre de personnes qualifiées pour agir : l'action est alors attitrée, et la qualité pour agir résulte d'une habilitation légale expresse et est réservée à certains justiciables seulement (par ex. l'action en divorce est réservée aux époux, même si d'autres personnes peuvent avoir intérêt à agir ; l'action en nullité relative du contrat pour vice du consentement est réservée à la victime du vice).

a) La qualité pour agir des personnes physiques

La personne physique n'a pas besoin de prouver qu'une disposition légale l'habilite à agir, sauf si l'on est en présence d'une ***action attitrée*** qui :

- ***permet la défense de l'intérêt personnel de la personne physique*** : seule la victime d'un vice du consentement peut agir en nullité relative d'un contrat ; seuls les époux peuvent agir en divorce ou en séparation de corps... ;
- ***permet la défense de l'intérêt personnel d'autrui*** : un associé peut exercer l'action sociale *ut singuli*, c'est-à-dire agir pour la société et défendre les intérêts de cette dernière. En dehors des cas d'habilitation légale expresse, l'action ne peut jamais être exercée pour défendre les intérêts d'autrui, puisque la jurisprudence exclut la gestion d'affaires dans le cadre du procès : nul ne peut être contraint d'accepter le débat judiciaire contre celui qui prétendrait agir comme gérant d'affaires ;
- ***autorise une personne physique à défendre un intérêt collectif*** : par exemple, le représentant des créanciers agit au nom des créanciers dans la procédure de redressement et de liquidation judiciaires ;
- ***habilite une personne physique à défendre l'intérêt général*** (action populaire) : l'article L. 3133-1 du Code général des collectivités territoriales confère à un contribuable la qualité pour exercer les actions en justice appartenant à la commune, dans l'intérêt de celle-ci (CGCT, art. L. 4143-1, pour les actions appartenant à la région).

b) La qualité pour agir des personnes morales

La personne morale peut agir en justice pour défendre certains intérêts, mais plusieurs situations doivent être distinguées.

Intérêts personnels	Tout groupement doté de la personnalité juridique a qualité pour la défense des intérêts personnels.
Intérêts collectifs	La personne morale doit en principe justifier qu'une disposition légale lui attribue la qualité. Les syndicats professionnels (et les ordres professionnels) sont habilités par les lois pour exercer tous les droits réservés à la partie civile pour défendre le préjudice direct ou indirect porté à l'intérêt collectif de la profession qu'ils représentent. Pendant longtemps, seules certaines associations, répondant à des conditions particulières, étaient qualifiées par la loi pour défendre les intérêts collectifs de leurs membres (associations de consommateurs agréées, associations agréées de protection de l'environnement). Mais la Cour de cassation a étendu en 2008 la qualité pour agir des associations, en admettant qu'une association peut agir en justice dans le cadre de son objet social pour la protection de l'intérêt collectif de ses membres, même si elle n'a pas reçu une habilitation légale expresse.

Intérêts personnels d'une autre personne	Le groupement a besoin d'une **habilitation légale expresse** : un syndicat professionnel peut exercer l'action individuelle d'un salarié qui doit être informé de l'exercice de l'action, et a le droit de s'opposer à la demande (parfois, le salarié doit donner son consentement préalable à l'action).
Action de groupe	Les articles L. 623-1 et R. 623-1 et s. du Code de la consommation confèrent aux associations de consommateurs représentatives au plan national et agréées la qualité pour former une action de groupe, pour demander la réparation de préjudices patrimoniaux résultant de dommages matériels subis par les consommateurs. Le TGI statue sur la responsabilité du professionnel, puis les consommateurs ont un délai pour adhérer au groupe afin d'obtenir réparation. Les articles 826-2 et s. du CPC précisent l'action de groupe dans différents domaines : 1° L'action ouverte sur le fondement de la loi n° 2008-496 du 27 mai 2008 portant diverses dispositions d'adaptation au droit communautaire dans le domaine de la lutte contre les discriminations ; 2° L'action ouverte sur le fondement des articles L. 1134-6 à L. 1134-10 du Code du travail ; 3° L'action ouverte sur le fondement de l'article L. 142-3-1 du Code de l'environnement ; 4° L'action ouverte sur le fondement du chapitre III du titre IV du livre Ier de la première partie du Code de la santé publique ; et enfin, 5° L'action ouverte sur le fondement de l'article 43 ter de la loi n° 78-17 du 6 janvier 1978 relative à l'informatique, aux fichiers et aux libertés.

2 Les conditions d'exercice de l'action

■ *La régularité de la demande*

a) La capacité d'ester en justice

La *capacité de jouissance* est la titularité des droits en général et du droit d'agir en justice en particulier. La personne qui n'a pas d'existence juridique ne peut pas former une demande en justice, qui serait nulle pour défaut de capacité. En effet, l'aptitude à émettre une prétention suppose que le plaideur ait la personnalité juridique.

Les modalités d'acquisition de la personnalité juridique varient selon qu'il s'agit d'une personne physique ou d'une personne morale.

Personnes physiques	Elles sont dotées de la personnalité juridique dès leur naissance et jusqu'à leur décès (si le plaideur décède en cours d'instance, il y a interruption de la procédure). Elles ont la capacité de jouissance, qui leur confère la titularité des droits, dont le droit d'agir en justice.
Personnes morales	Elles acquièrent la personnalité juridique par l'accomplissement de formalités légales précises (immatriculation au Registre du commerce et des sociétés pour les sociétés, dépôt des statuts à la Préfecture pour les associations de la loi de 1901...). Elles ont alors le droit d'agir, tant en demande qu'en défense.

La *capacité d'exercice* est accordée aux sujets de droit ayant les aptitudes suffisantes pour exercer seuls leurs droits. Le Code civil définit les personnes frappées d'incapacités d'exercice (mineurs de moins de 18 ans, incapables majeurs sous tutelle, curatelle...) et les autorise à exercer une action en justice si leur représentant intervient aux actes de procédure. À défaut, la demande est nulle pour irrégularité de fond. Cette nullité peut être soulevée à toute hauteur de la procédure, et le juge peut même la relever d'office. Elle est prononcée même si l'adversaire n'a subi aucun grief, mais l'acte peut être régularisé avant que le juge statue, par une reprise effectuée par le représentant de l'incapable.

b) Le pouvoir d'agir en justice

Trois hypothèses principales doivent être développées :

- le ***représentant d'une personne atteinte d'une incapacité d'exercice*** (tuteur, administrateur légal...), ainsi que le ***représentant d'une personne morale*** (gérant de la SARL, président du conseil d'administration de la SA...) doivent justifier d'un pouvoir régulier de représentation. À défaut, la demande qu'ils forment au nom du représenté est nulle pour vice de fond (mais l'erreur dans la seule désignation de l'identité civile du représentant est un vice de forme de l'acte de procédure) ;
- ***toute personne capable peut donner pouvoir à une autre pour la représenter à l'action*** (elle ne souhaite pas agir directement, en raison de son éloignement...). Le mandat doit être écrit et spécial. S'il n'est pas régulier, la demande en justice est nulle pour vice de fond. De plus, la règle « Nul en France ne plaide par Procureur » oblige à indiquer l'identification du représentant et celle du représenté pour informer l'adversaire : à défaut, la demande est nulle pour vice de forme (ce qui suppose que l'intéressé prouve qu'il subit un grief en raison de l'absence d'identification du représenté, et qu'il invoque la nullité avant toute défense au fond ou fin de non-recevoir) ;

– la loi impose parfois ***la représentation des parties à l'instance par des personnes habilitées*** qui accomplissent les actes de procédure pour leur compte et en leur nom (avocats pour le TGI et la cour d'appel, avocats à la Cour de cassation). Le mandat *ad litem* résulte du dépôt d'un acte de constitution au greffe du tribunal, après notification à l'adversaire. Il oblige l'auxiliaire de justice mandataire à accomplir les actes de la procédure (postulation) et à conseiller et présenter la défense à la barre du tribunal (assistance). Le mandataire représente son client, qui est directement engagé par les actes accomplis (même s'il s'agit d'une offre de paiement, d'un acquiescement, d'un désistement...). Il engage sa responsabilité civile en cas de faute.

Dans le prolongement du rapport Attali, la suppression des avoués près les cours d'appel et leur fusion dans la profession d'avocats sont effectives depuis le 1er janvier 2012 : les avocats seuls sont habilités à représenter les parties en appel... Pour dédommager les avoués, l'article 1635 *bis* P du Code général des impôts prévoit que toutes les parties à l'instance d'appel doivent verser un droit de 225 euros lorsque la constitution d'avocat est obligatoire (sauf pour la partie bénéficiaire de l'aide juridictionnelle).

■ Les modalités des prétentions

a) Les catégories de demandes

La ***demande initiale, ou principale, ou introductive d'instance***, est celle par laquelle le demandeur prend l'initiative d'un procès. Elle prend plusieurs formes procédurales (assignation, requête, déclaration au greffe, sous forme électronique ou sur support papier...), introduit l'instance et détermine l'objet du litige.

Les ***demandes incidentes*** sont présentées à l'occasion d'une instance principale et doivent se rattacher par un lien suffisant à la demande initiale (le CPC précise parfois un délai pour les former, par ex. art. 909, pour l'appel incident, formé dans les 3 mois de la notification des conclusions de l'appelant). Il s'agit de :

– la ***demande reconventionnelle***, formée par le défendeur qui veut obtenir la condamnation du demandeur à son profit, au lieu de se contenter du simple rejet des prétentions ; elle peut aussi être formée par le demandeur en réponse à une demande reconventionnelle du défendeur ;

– la ***demande en intervention***, permettant qu'un tiers devienne partie à l'instance principale, soit volontairement (le tiers a intérêt à émettre une prétention contre l'une des parties et forme une intervention principale, ou il souhaite appuyer les prétentions de l'une des parties, par une intervention accessoire), soit de manière forcée (le tiers est mis en cause par une partie en vue de sa condamnation, comme c'est le cas pour l'appel en garantie) ;

– la ***demande additionnelle***, formée par toute partie (demandeur principal ou reconventionnel, tiers intervenant) qui modifie ses prétentions antérieures, en les augmentant, en les diminuant ou en ajoutant d'autres prétentions.

b) Les effets procéduraux des demandes

La demande initiale introduit l'instance, qui est un lien de droit de nature procédurale unissant le demandeur et le défendeur, générateur de droits (droits de la défense, droit à l'information) et d'obligations (accomplir les actes de procédure dans les délais et les formes requis). Elle modifie la situation juridique des parties : elle interrompt la prescription extinctive du droit jusqu'au jour où le jugement au fond devient irrévocable, même si elle est formée devant un juge incompétent et même si elle est annulée pour vice de procédure, de forme ou de fond. Elle rend l'action transmissible aux héritiers, met le débiteur en demeure, fait courir les intérêts moratoires et transfère les risques de la chose au débiteur.

c) Les moyens de défense

Les différentes catégories de moyens de défense

La défense au fond	C'est un moyen portant sur le fond du droit. Elle tend à faire rejeter la prétention du demandeur qui ne serait pas justifiée (par ex. parce que le contrat est nul, que la dette a déjà été réglée...). Elle peut être opposée en tout état de cause, jusqu'au dernier moment où les conclusions sont recevables en première instance, et même pour la première fois en appel.
L'exception de procédure	Elle vise à faire déclarer la procédure irrégulière ou éteinte ou à en suspendre le cours. Le défendeur peut soulever une exception d'incompétence du juge, une exception de nullité d'un acte de procédure, ou une exception dilatoire pour obtenir un délai. À peine d'irrecevabilité, les exceptions doivent être présentées avant toute défense au fond ou fin de non-recevoir et s'il y en a plusieurs, de façon simultanée. Exceptionnellement, elle peut être invoquée en tout état de cause (c'est le cas de l'exception de nullité pour vice de fond d'un acte de procédure). De plus, devant le tribunal de grande instance et la Cour d'appel, les parties doivent soulever les exceptions de procédure devant le juge (ou le conseiller) de la mise en état : elles ne sont plus recevables après le dessaisissement du juge de la mise en état, sauf si l'exception survient ou est révélée postérieurement à ce dessaisissement (CPC, art. 771).

La fin de non-recevoir	Elle conduit le juge à déclarer l'adversaire irrecevable en sa demande sans examen au fond. Elle résulte du défaut de droit d'agir, en raison d'un défaut de qualité, d'intérêt, de la prescription, de la chose jugée, ou d'un délai préfix. Elle peut être soulevée en tout état de cause et ne nécessite pas la preuve d'un grief, mais le plaideur qui s'est abstenu dans une intention dilatoire de la soulever plus tôt peut être condamné à des dommages-intérêts. Le juge peut relever d'office les fins de non-recevoir qui ont un caractère d'ordre public (ex. la fin de non-recevoir tirée du défaut d'intérêt, de qualité et de la chose jugée : CPC, art. 125, al. 2) ; il rejette la fin de non-recevoir si la situation a été régularisée au moment où il statue. La fin de non-recevoir tirée de la prescription ne peut jamais être relevée d'office par le juge (C. civ., art. 2247 ; sauf si elle résulte du Code de la consommation que le juge peut relever d'office).

Les aides à l'accès au juge

Chapitre 3

Afin de garantir à tous les citoyens un accès égal à la justice, le principe est que les parties ne rémunèrent pas les juges (qui ont un statut particulier de fonctionnaires rétribués par l'État, ou d'élus bénévoles) et ne paient pas de droits à l'occasion des actes de la procédure (COJ, art. L. 111-2). Néanmoins, le fonctionnement du service public occasionne des frais, et le procès entraîne nécessairement des dépenses pour le justiciable (honoraires de l'auxiliaire de justice, rémunération de l'expert...) : des aides transfèrent la charge des frais de justice sur la collectivité.

1 La répartition des frais de justice

■ *Les dépens*

La liste limitative des frais que l'on nomme « ***les dépens*** » est établie par le Code de procédure civile. Il s'agit, notamment, des droits et taxes perçus par les secrétariats des juridictions ou l'administration des impôts, des rémunérations des techniciens, des indemnités des témoins, des émoluments des officiers ministériels, des frais de postulation obligatoire, des droits de plaidoirie, des frais d'interprétariat et de traduction rendus nécessaires par les mesures d'instruction effectuées à l'étranger (CPC, art. 695). Des procédures d'évaluation, de vérification et de contestation des dépens sont organisées.

Le paiement des dépens est effectué selon diverses modalités :

– la charge des dépens incombe en principe ***à la partie perdante***, qui assume ses propres frais et rembourse au gagnant ses dépens (si l'une des parties bénéficie de l'aide juridictionnelle, il existe des règles particulières). Dans le cadre d'une procédure qui impose la postulation, si l'avocat du gagnant a fait l'avance des frais exposés sans avoir reçu de provision, le Code de procédure civile prévoit la « *distraction des dépens* », c'est-à-dire le recouvrement direct sur la partie perdante ;

– le juge peut répartir différemment les dépens et, notamment, en mettre la totalité ou une fraction à la charge ***du gagnant***, par une décision motivée. Il se fonde sur l'équité, sur la disparité des situations économiques des parties ;
– des ***règles particulières*** prévoient d'autres modes de paiement des dépens :
  - celui qui se désiste doit payer les frais de l'instance (sauf s'il est bénéficiaire de l'aide juridictionnelle ; D. 19 déc. 1991, art. 123-1),
  - en cas d'accord des parties, les dépens sont partagés (par moitié si l'une des parties a l'aide juridictionnelle),
  - en cas de péremption c'est le demandeur qui doit payer les dépens.

L'auxiliaire de justice supporte personnellement la charge des dépens afférents aux actes injustifiés, ou nuls par l'effet de sa faute, ou accomplis hors des limites de son mandat.

■ *Les frais irrépétibles*

Chaque partie a la charge de ses propres ***frais irrépétibles*** constitués, notamment, par les honoraires de l'avocat, par d'éventuels frais de déplacement ou de consultation, qui ne font pas partie des dépens. La loi n° 2015-990 du 6 août 2015 sur la croissance, l'activité et l'égalité des chances économiques a modifié l'article 10 de la loi du 31 décembre 1971 et prévoit que l'avocat devra dans tous les cas établir une convention d'honoraires avec son client, pour la postulation, la consultation, l'assistance, le conseil et la rédaction d'actes ainsi que la plaidoirie, sauf en cas d'urgence ou de force majeure, ou lorsqu'il intervient à l'aide juridictionnelle. La convention doit préciser le montant ou le mode de détermination des honoraires, ainsi que les frais et débours envisagés.

Un remboursement d'une fraction des frais irrépétibles entre les parties a été prévu pour protéger les justiciables les plus démunis et leur permettre d'exercer leur droit au juge.

À cet égard, l'article 700 du Code de procédure civile confère au juge, dans toutes les instances, le pouvoir de condamner l'une des parties (qu'elle soit tenue ou non aux dépens, qu'elle soit perdante ou non), à verser à l'autre une somme qu'il détermine. Le juge tient compte de l'équité ou de la situation économique des parties.

La partie concernée doit faire une demande au juge. Le montant attribué est apprécié souverainement par le tribunal. Même s'il ne correspond pas à la totalité des sommes déboursées par la partie, il permet de rétablir un certain équilibre.

■ *Les frais d'exécution*

En principe, les ***frais de l'exécution forcée*** sont à la charge du débiteur, sauf s'il est manifeste qu'ils n'étaient pas nécessaires au moment où ils ont été exposés (CPC exéc., art. L. 111-8). Les contestations sont tranchées par le juge de l'exécution.

Des droits proportionnels de recouvrement ou d'encaissement peuvent être mis partiellement à la charge des créanciers, ce qui permet aux huissiers de justice d'obtenir une rémunération et de ne pas alourdir les droits pesant sur les débiteurs.

> L'article L. 141-5 du Code de la consommation prévoit que « *lors du prononcé d'une condamnation, le juge peut, même d'office, pour des raisons tirées de l'équité ou de la situation économique du professionnel condamné, mettre à sa charge l'intégralité du droit proportionnel de recouvrement ou d'encaissement prévu à l'article L. 111-8 du Code des procédures civiles d'exécution* ». Cette disposition permet de ne pas accroître systématiquement la charge des débiteurs de bonne foi (le juge se réfère à l'équité ou à la situation économique du débiteur), mais aussi de ne pas faire supporter au consommateur les frais d'une exécution forcée lorsque la situation du professionnel (banque, assurance, opérateur téléphonique...) ne justifie pas qu'il soit exonéré de ces frais.

2 La prise en charge collective des frais de justice

■ *L'assurance de protection juridique*

La technique du contrat d'assurance conduit un assureur à prendre en charge les frais de procédure en cas de différend ou de litige opposant l'assuré à un tiers, qu'il s'agisse de défendre ou de représenter en demande l'assuré, dans une procédure civile, pénale, administrative ou autre, ou même d'obtenir réparation amiable d'un dommage subi. Moyennant le paiement d'une prime convenue, les personnes qui ne sont pas suffisamment démunies pour bénéficier d'une aide étatique peuvent accéder au juge. La protection du justiciable assuré est garantie par un dispositif législatif impératif : le contrat d'assurance de protection juridique doit être distinct de celui élaboré pour les autres branches, et il doit indiquer avec précision le contenu de l'assurance et le montant de la prime. Surtout, l'assuré a le libre choix de son avocat ou de toute personne qualifiée par la loi pour assurer sa défense, représenter et servir ses intérêts.

Pour régler les différends entre l'assureur et l'assuré (par exemple sur le choix de l'avocat, de la stratégie procédurale, du mode de règlement du litige...), une tierce personne désignée d'un commun accord ou par le Président du tribunal de grande instance intervient dans le cadre d'une procédure amiable, qui suspend le délai du recours contentieux au profit de l'assuré pour toutes les instances juridictionnelles qu'il est susceptible d'engager en demande, jusqu'à ce que le tiers ait donné son avis. Les frais de cette procédure sont à la charge de l'assureur. L'article L. 127-5-1 du Code des assurances prévoit que les honoraires de l'avocat sont déterminés entre ce dernier et son client, sans pouvoir faire l'objet d'un accord avec l'assureur de protection juridique.

Lorsqu'une personne bénéficie d'une protection juridique, elle doit joindre à une demande d'aide juridictionnelle une attestation de son assureur indiquant que le litige n'est pas pris en charge (D. 12 déc. 2014 et Arr. 12 déc. 2014, fixant le modèle de l'attestation de non prise en charge des frais de procédure).

Une taxe sur les contrats de protection juridique est partiellement affectée pour le financement de l'aide juridictionnelle : elle est reversée au Conseil national des Barreaux qui assure le paiement des avocats ayant exercé des missions d'aide juridictionnelle.

■ *L'aide juridique*

a) L'aide juridictionnelle

L'***aide juridictionnelle*** permet au justiciable d'obtenir gratuitement le jugement de son affaire, en totalité ou partiellement, puisque l'État rémunère les auxiliaires de justice et assume la charge des dépens. Son financement est diversement assuré et notamment par des taxes (sur les actes d'huissiers de justice, les contrats d'assurance de protection juridique, les décisions des juridictions pénales).

1) Conditions de l'aide juridictionnelle

Elle peut être attribuée à toute personne, physique ou morale, quelle que soit sa position procédurale (demandeur ou défendeur), dans toutes les procédures devant toutes les juridictions. La personne qui sollicite l'aide juridictionnelle (voir le formulaire sur le site internet : *formulaires. modernisation.gouv.fr*) doit justifier de ressources mensuelles inférieures à un plafond fixé périodiquement : les montants sont, pour 2017, de 1 007 euros pour l'aide totale, et entre 1 008 et 1 510 euros pour l'aide partielle, majorés en cas de personne à charge (L. 10 juill. 1991, art. 4). Peuvent être considérés à charge, aux conditions précisées par l'article 4 du décret de 1991, le conjoint, le concubin ou le partenaire d'un pacte civil de solidarité, les descendants et les ascendants. L'aide juridictionnelle peut également être accordée à un ressortissant de l'Union européenne dans les litiges transfrontaliers. Les victimes des atteintes les plus graves à la personne ou à leurs ayants droit, bénéficient d'une aide juridictionnelle systématique, quel que soit le montant de leurs ressources. En outre, une « ***aide à la médiation*** » est instituée. Ainsi, l'aide juridictionnelle est accordée à l'avocat qui assiste une partie bénéficiaire de l'aide juridictionnelle dans le cadre d'une médiation judiciaire. Il en va de même lorsque l'avocat a assisté une partie éligible à l'aide juridictionnelle, qui sollicite l'homologation d'un accord intervenu à l'issue d'une médiation conventionnelle (L. 10 juill. 1991, art. 64-5 nouveau). L'aide juridictionnelle couvre aussi une partie de la rémunération du médiateur.

La demande en justice qui motive l'aide juridictionnelle ne doit pas être manifestement irrecevable ou dénuée de tout fondement. Le décret n° 2016-1876 du 27 décembre 2016 simplifie les modalités de la demande.

La procédure d'obtention se déroule devant un bureau d'aide juridictionnelle qui instruit l'affaire (s'informe sur la situation financière du demandeur auprès des organismes publics, des caisses de sécurité sociale...). Le Président du bureau peut même rejeter la demande si le requérant ne communique pas à temps les documents ou renseignements demandés, et il statue seul sur les demandes qui ne présentent pas de difficulté sérieuse. En cas de rejet de la demande, l'intéressé peut déférer la décision au Premier président de la Cour d'appel dans le ressort de laquelle le bureau ou la section est institué.

2) Effets de l'aide juridictionnelle

La demande d'aide juridictionnelle a des conséquences sur les délais pour agir en justice. Aux termes de l'article 38 du décret du 19 décembre 1991, lorsqu'une action en justice ou un recours doit être intenté avant l'expiration d'un délai devant les juridictions de première instance ou d'appel, l'action ou le recours est réputé avoir été intenté dans le délai si la demande d'aide juridictionnelle s'y rapportant est adressée au bureau d'aide juridictionnelle avant l'expiration dudit délai et si la demande en justice ou le recours est introduit dans un nouveau délai de même durée à compter :

- soit de la notification de la décision d'admission provisoire ;
- soit de la notification de la décision constatant la caducité de la demande ;
- soit de la date à laquelle le demandeur à l'aide juridictionnelle ne peut plus contester la décision d'admission ou de rejet de sa demande en application du premier alinéa de l'article 56 et de l'article 160 ou, en cas de recours de ce demandeur, de la date à laquelle la décision relative à ce recours lui a été notifiée ;
- ou soit, en cas d'admission, de la date, si elle est plus tardive, à laquelle un auxiliaire de justice a été désigné.

En appel, la demande d'AJ a des effets sur les délais d'irrecevabilité pour remettre les conclusions au greffe de la cour : lorsque la demande est déposée au cours des délais impartis pour conclure ou former appel incident, mentionnés aux articles 905-2, 909 et 910 du Code de procédure civile, ces délais courent dans les conditions prévues aux b, c et d. Mais les délais ne sont pas interrompus lorsque, à la suite du rejet de sa demande d'aide juridictionnelle, le demandeur présente une nouvelle demande ayant le même objet que la précédente. Si l'intéressé forme une demande en justice, puis sollicite l'aide juridictionnelle, ses droits de la défense sont sauvegardés : en effet, dès que la juridiction saisie a été avisée du ***dépôt d'une demande d'aide juridictionnelle***, elle est tenue de ***surseoir à statuer*** dans l'attente de la décision statuant sur cette demande (D. 19 déc. 1991, art. 43-1).

Le bénéficiaire qui est admis à l'aide juridictionnelle totale a droit au ***concours gratuit des auxiliaires de justice*** (avocat, officier ministériel). L'auxiliaire est choisi librement ou commis par le Bâtonnier s'il s'agit d'un avocat, les autres auxiliaires (huissiers de justice) étant commis par le président de leur organisme professionnel. L'État rémunère ces auxiliaires, sur le fondement d'un tarif fixe (32,00 euros hors TVA l'Unité de valeur en 2017). À titre d'exemples, un divorce par consentement mutuel par acte sous signature privée contresigné par avocats est indemnisé à hauteur de 24 UV, les autres cas de divorce sont affectés de 31,5 UV.

En cas d'aide juridictionnelle partielle, le bénéficiaire conserve une partie des frais à sa charge. Le décret n° 2016-11 du 12 janvier 2016 prévoit que la part contributive de l'État dans l'aide partielle est soit de 55 % soit de 25 %.

Le bénéficiaire a également droit à la ***gratuité des autres frais de justice*** (si une expertise est ordonnée, l'État avance les frais résultant de l'exécution de la mesure d'instruction). En ce qui concerne les frais de justice de l'adversaire du bénéficiaire de l'aide : si le bénéficiaire perd son procès, ou est condamné aux dépens, il doit supporter personnellement la charge des dépens de l'adversaire, mais le juge peut décider que le Trésor public paiera une partie des dépens de l'adversaire. Le juge peut même condamner le bénéficiaire de l'aide à verser une somme qu'il détermine à l'adversaire, au titre des frais irrépétibles, en se fondant sur l'équité ou sur la situation économique des parties. Si la partie condamnée aux dépens ne bénéficie pas de l'aide juridictionnelle, elle est tenue, sauf dispense totale ou partielle accordée par le juge, de rembourser au Trésor, dans la proportion des dépens mis à sa charge, les sommes avancées par l'État au titre de l'aide juridictionnelle de son adversaire.

b) L'aide à l'accès au droit

Il s'agit d'une aide matérielle offrant de nombreuses possibilités aux citoyens démunis, dans le cadre des Maisons du droit et de la justice, instituées sous l'autorité des chefs des tribunaux de grande instance pour assurer une présence judiciaire de proximité, et concourir à l'accès au droit par des procédés individuels ou collectifs. Les Conseils départementaux de l'accès au droit (groupements d'intérêt public, comprenant, notamment, des représentants de l'État, du département et de certains organismes professionnels) déterminent les conditions d'exercice de la consultation juridique, participent au financement des actions poursuivies, recensent les besoins et définissent une politique locale, reçoivent et répartissent les ressources (participation de l'État, du département, des barreaux, des organismes professionnels...).

Le contenu de l'aide est diversifié : le citoyen peut bénéficier :

- d'une aide pour toute consultation en matière juridique ;
- du concours gratuit d'un avocat pour négocier une transaction ;
- il peut être orienté vers les organismes adéquats, ou être aidé dans la rédaction et la conclusion des actes juridiques par une personne compétente.

La compétence

PARTIE 2

Les règles légales de compétence

Chapitre 4

La compétence peut être définie comme l'aptitude d'une juridiction à statuer sur un litige déterminé. La compétence d'attribution permet de connaître les matières attribuées à tel ou tel juge. Les règles de compétence territoriale définissent le rattachement d'un litige au ressort d'un tribunal.

1 La compétence d'attribution

■ Définition selon la matière du litige

La grande diversité des compétences d'attribution de chaque juridiction exclut qu'il soit procédé à une analyse exhaustive, et seuls les exemples les plus importants seront donnés. Une réflexion sur la répartition des compétences entre les juridictions civiles a donné lieu à un rapport Guinchard (« *L'ambition raisonnée d'une justice apaisée* », *La Documentation française, 2008*), dont les propositions ont été mises en application par plusieurs réformes. Une réflexion actuelle intéresse la création d'un tribunal unique de première instance (TUPI) qui regrouperait le TGI et le TI. Il s'agirait d'une organisation unique, sans suppression de sites (les actuels tribunaux deviendraient des chambres détachées du TUPI avec des compétences spécialisées). La mise en place et la généralisation des SAUJ (services d'accueil unique du justiciable) regroupant les différents greffes, y compris le greffe du conseil des prud'hommes), facilitera l'accès au juge.

La loi *J21* a prévu la suppression des tribunaux des affaires de sécurité sociale et des tribunaux du contentieux de l'incapacité, le contentieux étant transféré au pôle social du tribunal de grande instance. Une ordonnance en précisera les modalités.

Les réformes récentes instaurent des juridictions spécialisées dans certains contentieux : l'idée générale est de regrouper auprès de quelques tribunaux des contentieux complexes ou mettant en cause un grand nombre de parties. Par exemple, seuls quelques tribunaux de commerce connaissent des contentieux issus d'une rupture brutale des relations commerciales établies (C. com., art. 442-6, I, 5°).

De même, seuls certains tribunaux de grande instance, de Paris et Marseille, connaissent de l'enquête, de la poursuite, de l'instruction et du jugement des délits d'homicides ou de blessures involontaires dans les affaires qui comportent une pluralité de victimes et apparaissent d'une grande complexité (les TIRS, D. n° 2014-1634, 26 déc. 2014).

a) Les juridictions de droit commun

Les ***juridictions de droit commun*** disposent d'une compétence de principe, cela signifie qu'elles jugent en toutes matières, sauf lorsqu'une loi spéciale leur a retiré la connaissance d'un litige.

Juridictions	Compétences
Le tribunal de grande instance	Il statue sur toutes les affaires qui ne relèvent pas de la compétence d'une autre juridiction (COJ, art. L. 211-3). Cela concerne essentiellement les matières civiles personnelles ou mobilières (droits de créance supérieurs à 10 000 €). Il a souvent une compétence exclusive (aucune autre juridiction ne peut statuer) : c'est le cas pour les litiges relatifs à l'état des personnes (mariage, divorce, filiation), aux successions, à l'adoption, aux saisies immobilières, au redressement et à la liquidation judiciaires des personnes morales de droit privé non commerçantes... Le juge rend aussi les ordonnances portant injonction de payer supérieures à 10 000 euros. De nombreux juges uniques constituent l'émanation du TGI : - juge aux affaires familiales pour les procédures de divorce et de séparation de corps, de tutelle des mineurs ; - juge de l'exécution qui a compétence exclusive en matière de procédures civiles d'exécution ; - juge unique pour les accidents de la circulation...
La cour d'appel	C'est la juridiction de droit commun du second degré qui juge tous les appels formés contre les décisions rendues en premier ressort par les juridictions de première instance situées dans son ressort géographique, sans aucune distinction selon la matière du litige : il suffit que la demande porte sur un montant supérieur à un taux fixé par décret, qui est de 4 000 € (COJ, art. L. 311-1).

b) Les juridictions dites d'exception

Les juridictions d'exception jugent seulement les matières que la loi leur attribue expressément.

Juridictions	Compétences
Le tribunal d'instance	Il a de très nombreuses compétences : il statue sur les actions civiles personnelles ou mobilières (droits de créance) d'un montant inférieur ou égal à 10 000 € (COJ, art. L. 221-4), sur les actions en responsabilité civile pour réparer un dommage causé par un véhicule, dont la valeur est de 0 à 10 000 €, sur les opérations de crédit à la consommation, sur les funérailles. Il est juge des tutelles des majeurs, des référés, des requêtes, des injonctions de payer... (COJ, art. L. 221-7).
Le tribunal de commerce	Il juge les litiges entre commerçants et ceux qui concernent les actes de commerce (contentieux général), ainsi que les procédures de redressement et de liquidation judiciaires des commerçants et artisans (C. com., art. L. 721-3 et s. et R. 721-1 et s.). Il intervient aussi dans la prévention au profit des entreprises en difficulté.
Le conseil des prud'hommes	Il comprend cinq sections (C. trav., art. L. 1423-1 – industrie, commerce, agriculture, encadrement, activités diverses) qui se répartissent les affaires en fonction de l'activité du salarié partie au litige. Il juge les conflits individuels qui s'élèvent à l'occasion d'un contrat de travail ou d'apprentissage. Après avoir tenté de concilier les parties, il juge les différends pour lesquels la conciliation n'a pas abouti. Il a une compétence exclusive.
Les juridictions de sécurité sociale	Elles jugent deux types de contentieux (jusqu'à leur suppression en cours de finalisation) : - le ***tribunal des affaires de sécurité sociale*** connaît les litiges du contentieux général de la sécurité sociale (conflits entre organismes de sécurité sociale et assujettis afférents au paiement des cotisations, au principe de l'affiliation...) ; - le ***tribunal du contentieux de l'incapacité*** statue en premier ressort sur le contentieux technique et médical (inaptitude au travail, degré d'incapacité ou d'invalidité...), avec appel devant la Cour nationale de l'incapacité et de la tarification de l'assurance des accidents du travail.
Le tribunal paritaire de baux ruraux	Il est seul compétent pour connaître des contestations entre bailleurs et preneurs de baux ruraux, relatives à l'existence du contrat de bail rural, à sa résiliation, au droit de reprise, au loyer... (C. rur., art. L. 491-1).

■ *Montant de l'affaire*

La compétence d'attribution dépend du montant du litige en matière civile, personnelle ou mobilière :

– le tribunal d'instance juge les litiges inférieurs ou égaux à 10 000 € ;

– le tribunal de grande instance juge au-dessus de 10 000 €.

Mais les parties peuvent toujours convenir que leur différend sera jugé par un tribunal d'instance alors qu'il excède 10 000 € ou par un tribunal de grande instance alors qu'il est inférieur à 10 000 €.

Les ***méthodes d'évaluation du litige*** permettent de connaître le tribunal compétent en matière personnelle civile et mobilière (tribunal d'instance ou TGI). Pour toutes les juridictions, elles permettent de savoir si le jugement sera ou non susceptible d'appel, puisque le taux du ressort est fixé à 4 000 € pour toutes les juridictions.

a) Demande unique

Elle peut être ***indéterminée*** (inchiffrable par nature, comme une action en recherche de paternité naturelle, en nullité du contrat...), ce qui la rend en principe susceptible d'appel.

Elle peut être ***déterminée*** (le demandeur réclame une somme d'argent précise) par les dernières conclusions du demandeur.

L'évaluation inclut le capital, les intérêts échus au jour de la demande, et les dommages et intérêts, mais non les accessoires, à savoir les dépens et les frais irrépétibles de l'article 700 du Code de procédure civile.

b) Pluralité de demandes

Il y a deux hypothèses prévues :

– la première hypothèse concerne une ***pluralité de demandes initiales***, entre deux ou plusieurs adversaires :

  • si *plusieurs prétentions sont formées par un même demandeur* contre le même adversaire, chaque prétention est considérée isolément pour le taux du ressort et pour le taux de compétence. Si les prétentions sont fondées sur les mêmes faits (par ex. plusieurs dommages résultant du même délit), ou si elles sont connexes (par ex. une demande d'exécution du contrat et une demande connexe de dommages-intérêts en raison de l'inexécution), on les additionne pour considérer leur valeur totale,

- si *plusieurs prétentions sont formées par plusieurs demandeurs ou contre plusieurs défendeurs*, chaque prétention est considérée isolément pour le taux du ressort et le taux de compétence. Si les prétentions sont formées en vertu d'un titre commun, la plus élevée d'entre elles détermine le taux du ressort et le taux de compétence pour l'ensemble des demandes. Le titre commun résulte de l'identité de fondement des diverses prétentions (même contrat, même délit) ;

– la seconde hypothèse concerne une ***pluralité de demandes initiales et incidentes*** :

- pour le *taux de compétence*, c'est-à-dire, notamment, la possibilité pour le tribunal d'instance ou de grande instance de statuer en matière civile personnelle ou mobilière, il faut se référer aux articles 37 et 38 du Code de procédure civile. Le tribunal d'instance, saisi d'une demande principale qui entre dans sa compétence (une créance civile inférieure à 10 000 €), statue sur toutes interventions, demandes reconventionnelles et en compensation inférieures au taux de sa compétence même si, en les ajoutant à la demande principale, elles excèdent le taux de compétence. Mais, si le tribunal d'instance est saisi d'une demande principale inférieure à 10 000 €, et que l'une des demandes incidentes dépasse ce taux, l'une des parties peut soulever l'exception d'incompétence : le tribunal d'instance peut alors, soit ne statuer que sur la demande principale et renvoyer les parties devant le TGI pour la demande incidente supérieure à 10 000 €, soit renvoyer les parties devant le TGI pour toutes les demandes, principales et incidentes, afin de maintenir l'unité du litige. Cette règle ne joue pas si la seule demande incidente qui excède le taux de compétence est une demande reconventionnelle fondée exclusivement sur la demande principale (à savoir, sur l'abus du droit d'agir) : le tribunal d'instance est compétent pour en connaître quel que soit son montant,
- pour le *taux du ressort*, l'article 39 du Code de procédure civile prévoit que si la demande initiale est inférieure à 4 000 €, et qu'aucune des demandes incidentes n'est supérieure à ce taux, le juge statue sur tout le litige en dernier ressort, sans appel possible (on n'additionne pas les demandes). Si la demande initiale est inférieure à ce taux, mais qu'une demande incidente le dépasse, le juge statue sur le tout en premier ressort, avec appel possible même sur la demande initiale. Par exception, si la seule demande incidente qui excède le taux du ressort est une demande reconventionnelle fondée exclusivement sur la demande initiale (en abus du droit d'agir), le juge statue sur le tout en dernier ressort : toutefois, selon la jurisprudence, si le juge alloue des dommages et intérêts pour un montant supérieur au taux du ressort, l'appel est ouvert au défendeur reconventionnel condamné.

La ***demande additionnelle*** est une demande incidente originale, qui n'obéit pas à ces dispositions. Comme elle traduit la modification, à la hausse ou à la baisse, d'une autre demande (principale, reconventionnelle...), elle doit suivre le sort de la demande qu'elle modifie.

2 La compétence territoriale

Pour protéger les intérêts des justiciables et contribuer à un bon fonctionnement de la justice, une carte judiciaire a été établie en 1958 et modifiée à plusieurs reprises, et un ressort territorial précis a été affecté à chaque juridiction : le justiciable qui saisit un tribunal doit déterminer la juridiction territorialement compétente, en fonction de ce ressort et des éléments de son litige. Le principe est la compétence du juge du domicile du défendeur, mais la loi ouvre parfois une option de compétence, ou impose une compétence exclusive.

■ *Principe*

La personne attaquée est présumée ne rien devoir : le demandeur doit l'attraire devant la juridiction du lieu où elle demeure, pour lui éviter des frais :

- pour les ***personnes physiques***, il s'agit du domicile (principal établissement au sens de l'article 102 du Code civil), ou, à défaut, de la résidence. Si aucun de ces lieux n'est connu, le demandeur peut assigner devant le tribunal de son propre domicile ;
- pour les ***personnes morales***, il s'agit du lieu où elles sont établies (lieu du siège social statutaire, où se trouvent les organes de direction). Selon la jurisprudence dite « des gares principales », le demandeur peut assigner une société devant le juge du lieu de l'une de ses succursales, à condition que cette dernière soit impliquée dans le litige et dispose d'un représentant habilité à engager la société.

En cas de pluralité de défendeurs, le demandeur choisit le lieu où demeure l'un d'eux.

■ *Options de compétence*

Dans certaines situations, dans l'intérêt du demandeur, une ***option de compétence territoriale*** est ouverte, entre le lieu du domicile du défendeur ou un autre lieu qui peut être :

- en ***matière contractuelle***, celui de la livraison effective de la chose ou de l'exécution de la prestation de service ;
- en ***matière délictuelle***, celui du fait dommageable ou celui du ressort dans lequel le dommage a été subi (en matière de contrefaçon, le fait dommageable se manifeste partout où les produits contrefaits sont offerts à la vente) ;
- en ***matière d'aliments ou de contribution aux charges du mariage***, celui de la demeure du demandeur lui-même ;
- si le ***demandeur assigne un magistrat ou un auxiliaire de justice***, il a le droit de saisir une juridiction limitrophe de celle devant laquelle le défendeur exerce ses fonctions, afin d'éviter

toute suspicion de partialité à l'encontre des juges. Le renvoi peut être demandé par le défendeur ou encore par toute partie en appel, dès la connaissance de la cause de renvoi.

■ *Compétence territoriale exclusive*

Dans certaines situations, la loi prévoit une compétence exclusive :

- le contentieux des successions (demandes entre héritiers, ou formées par les créanciers du défunt...) est de la ***compétence exclusive du juge du lieu de l'ouverture de la succession***, c'est-à-dire du dernier domicile du défunt, jusqu'au partage inclusivement ;
- les contestations relatives aux ***mesures prises par le juge de l'exécution*** sont obligatoirement portées devant le lieu où demeure le débiteur ou celui de l'exécution de la mesure (CPC exéc., art. R. 121-2) ;
- la compétence territoriale du ***conseil des prud'hommes*** est celle du lieu de l'établissement où le salarié effectue son travail. Si le salarié travaille hors établissement ou à domicile, c'est le lieu du domicile du salarié. Cette compétence est d'ordre public, ce qui interdit toute clause dérogatoire dans le contrat de travail. Si le salarié est demandeur, il choisit entre le conseil des prud'hommes du lieu où l'engagement a été contracté, ou celui du lieu où l'employeur est établi ;
- dans les ***litiges transfrontaliers***, dès lors que l'une des parties a son domicile dans un autre État membre de l'Union européenne, la compétence des juridictions françaises est définie par des règlements (notamment, le Règlement n° 1215/2012 du 12 décembre 2012 sur la compétence judiciaire, la reconnaissance et l'exécution des décisions en matière civile et commerciale et le Règlement n° 2201/2003 du 27 novembre 2003 sur la compétence, la reconnaissance et l'exécution des décisions en matière matrimoniale et en matière de responsabilité parentale...).

3 Les extensions de compétence

On appelle ***prorogation de compétence*** l'attribution à une juridiction du pouvoir de statuer sur une question qui ne relève pas normalement de sa compétence d'attribution ou territoriale. Cette extension peut provenir d'un accord entre les parties ou de la loi.

■ *La prorogation conventionnelle*

La ***prorogation de la compétence d'attribution*** est restreinte : il est interdit de déroger à la compétence des ordres de juridiction (administratif, civil...) ou à celle des degrés de juridiction (tribunaux de premier degré et cours d'appel, même si les parties peuvent renoncer à l'appel, ou décider, avant le jugement, que le différend sera jugé sans appel). Il est possible de proroger la compétence d'une juridiction du premier degré au détriment d'une autre, si la règle de compétence aménagée n'est pas d'ordre public. Par exemple, deux plaideurs peuvent saisir un tribunal de grande instance d'une affaire commerciale, ou encore saisir un tribunal d'instance pour une créance supérieure à 10 000 €, ou un tribunal de grande instance pour une créance inférieure à ce taux de compétence.

La ***prorogation de la compétence territoriale*** des juridictions est en principe interdite, qu'elle soit directe ou indirecte (résultant par ex. d'une élection de domicile dans un acte). L'article 48 du Code de procédure civile prévoit que toute clause attributive de juridiction insérée dans un acte juridique est réputée non-écrite. Exceptionnellement, la clause est valable si elle est convenue entre personnes agissant toutes en qualité de commerçant, et si elle figure de façon très apparente dans l'engagement.

■ *La prorogation légale*

a) Les moyens de défense

En principe, ***le juge de l'action est juge de l'exception*** : lorsqu'il est saisi d'une demande principale, il a le pouvoir de statuer sur tous les moyens de défense (ce sont les arguments soulevés par l'adversaire) même si ces derniers ne relèvent pas de sa compétence.

Des exceptions ont été définies sous le terme de ***questions préjudicielles***. Le juge saisi du principal ne peut pas les juger, et doit renvoyer les parties à se pourvoir devant la juridiction compétente. Il existe plusieurs catégories de questions préjudicielles, soumises à des régimes procéduraux différents.

Question préjudicielle dite « générale »	Lorsque le moyen de défense est de la compétence d'une juridiction d'un autre ordre administratif ou pénal. L'article 4 du Code de procédure pénale prévoit que « le criminel tient le civil en l'état », c'est-à-dire que le juge civil doit surseoir à statuer au fond jusqu'au prononcé du jugement sur la question préjudicielle par la juridiction pénale (comme la chose jugée au pénal a autorité sur le civil, le juge civil est obligé de tenir compte de la solution donnée par le juge pénal). Aux termes de l'alinéa 1er de l'article 4, le sursis à statuer ne s'impose au juge civil que s'il est saisi d'une demande de réparation du préjudice causé par l'infraction poursuivie dans le cadre d'une action publique mise en mouvement. Pour les autres actions civiles, la mise en mouvement d'une action publique n'impose plus de suspension de l'instance, même si la décision pénale est susceptible d'exercer, directement ou indirectement, une influence sur le procès civil. La question préjudicielle générale relative à l'interprétation des normes communautaires est de la compétence de la Cour de justice de l'Union européenne (Traité sur l'union européenne, art. 35).

Question préjudicielle dite « spéciale »	Lorsque le moyen de défense est de la compétence exclusive d'une autre juridiction civile. Pour définir les compétences exclusives, on se réfère aux textes (ex. COJ, art. L. 311-12-1, pour le juge de l'exécution) et à la jurisprudence.
Question prioritaire de constitutionnalité	CPC, art. 126-1 et s. Soulevée devant un juge judiciaire, la QPC entraîne, si elle est considérée comme sérieuse, un sursis à statuer (Ord. 7 nov. 1958, art. 23-3, mod. L. n° 2009-1523, 10 déc. 2009) et une transmission à la Cour de cassation, qui décide de soumettre la question au Conseil constitutionnel.

b) Les demandes incidentes

Le tribunal de grande instance, juridiction de droit commun, peut juger toutes les demandes incidentes qui ne relèvent pas de la compétence exclusive d'une autre juridiction. Les autres juridictions (tribunal de commerce...) dites d'exception, ne connaissent que des demandes incidentes qui entrent dans les limites de leur compétence d'attribution.

Le tribunal d'instance connaît de toutes les demandes incidentes, exceptions ou moyens de défense qui ne soulèvent pas une question relevant de la compétence exclusive d'une autre juridiction (COJ, art. R. 221-40). Si le moyen de défense implique l'examen d'une question de nature immobilière pétitoire, le TI se prononce à charge d'appel.

c) Les incidents d'instance

Toute juridiction est compétente pour statuer sur les incidents de l'instance qui se déroulent devant elle (par exemple, de jonction et de disjonction d'instance, suspension, interruption et extinction de l'instance : CPC, Titre XI, Les incidents d'instance), ainsi que sur les incidents procéduraux relatifs à la preuve (mesures d'instruction), les exceptions de procédure, et les fins de non-recevoir. Si l'incident est de nature à mettre fin à l'instance (péremption d'instance, désistement d'instance, caducité de la citation) devant le tribunal de grande instance ou la cour d'appel, c'est le juge de la mise en état (ou le conseiller de la mise en état en appel) qui devra être saisi à peine d'irrecevabilité, et qui dispose d'une compétence exclusive pour statuer jusqu'à son dessaisissement (CPC, art. 771 ; le JME ne peut pas statuer sur les fins de non-recevoir, alors que le conseiller de la mise en état peut statuer sur l'irrecevabilité de l'appel).

Chapitre 5

Les sanctions des règles de compétence

Pour assurer le respect des règles légales, des incidents de compétence ont été prévus : le juge peut relever d'office son incompétence ; mais, le plus souvent, l'incompétence est soulevée par l'un des plaideurs sous la forme d'une exception d'incompétence.

1 Les formes de l'incident de compétence

L'incompétence peut être relevée d'office par le juge saisi de la demande principale. Il s'agit toujours d'une faculté, qui donne lieu à un débat contradictoire avec les parties :

- en cas ***d'incompétence d'attribution*** (deux commerçants saisissent le tribunal de commerce d'une demande en divorce), le juge peut relever son incompétence si le défendeur ne comparaît pas ou si la règle méconnue est d'ordre public, et seulement dans ces cas ;
- en cas ***d'incompétence territoriale***, le juge peut toujours relever d'office ce moyen en matière gracieuse, en matière contentieuse, il ne peut se déclarer incompétent qu'en matière d'état des personnes, de compétence exclusive d'une autre juridiction, ou si le défendeur ne comparaît pas.

L'incompétence est généralement invoquée par l'une des parties qui forme une exception d'incompétence, au début du procès, avant toute défense au fond ou fin de non-recevoir, à peine d'irrecevabilité. Devant le conseil des prud'hommes, le défendeur peut encore soulever l'incompétence devant le bureau de jugement, s'il n'a pas invoqué de défense au fond en conciliation.

Le déclinatoire de compétence doit être motivé, c'est-à-dire qu'il doit énoncer les moyens de fait et de droit justifiant l'incompétence du juge, et indiquer la juridiction que le plaideur estime compétente (mais c'est le juge qui décidera à quelle juridiction il renvoie).

2 Les suites de l'incident de compétence

■ La décision du juge sur sa compétence

Le juge peut rendre une décision d'incompétence et statuer sur la question de fond dont dépend la compétence (par ex. la qualification de l'acte en contrat de travail pour la compétence du conseil des prud'hommes). Pour éviter tout retard, il peut aussi prescrire des mesures provisoires ou d'instruction. Afin que le litige soit tranché, le juge doit désigner la juridiction qu'il estime compétente, et renvoyer les parties. Cette décision s'impose aux parties et au juge de renvoi. Si aucun appel n'est formé, le dossier de l'affaire sera transmis au juge de renvoi et les parties seront invitées par le greffe à poursuivre l'instance et à constituer avocat si la représentation est obligatoire. Si la juridiction compétente est étrangère, pénale, administrative ou arbitrale, le juge renvoie seulement les parties à se mieux pourvoir.

Le juge peut décider de se déclarer compétent, selon deux modalités :

– le juge peut se borner à se déclarer compétent, sans juger au fond (tout en ordonnant le cas échéant une mesure d'instruction ou une mesure provisoire), et l'instance est suspendue jusqu'à l'expiration du délai d'appel ou jusqu'au prononcé de la décision de la cour d'appel (CPC, art. 80) ;

– le juge peut également se déclarer compétent et statuer au fond, par des dispositions distinctes dans le dispositif du jugement, les parties ayant été préalablement mises en demeure de conclure (CPC, art. 78).

■ La détermination du juge compétent après exercice du recours

Le décret n° 2017-891 du 6 mai 2017 a réformé l'incident de compétence, en prévoyant que seul l'appel est ouvert contre la décision du juge et en distinguant deux situations.

a) L'appel du jugement statuant exclusivement sur la compétence

Le délai d'appel est de quinze jours à compter de la notification du jugement (c'est le greffe qui procède à cette notification adressée aux parties par lettre recommandée avec demande d'avis de réception et qui notifie également le jugement à leur avocat, dans le cas d'une procédure avec représentation obligatoire). En cas d'appel, l'appelant doit, à peine de caducité de la déclaration d'appel, saisir, dans le délai d'appel, le premier président en vue, selon le cas, d'être autorisé à assigner à jour fixe ou de bénéficier d'une fixation prioritaire de l'affaire (CPC, art. 84). Outre les mentions prescrites selon le cas par les articles 901 ou 933, la déclaration d'appel précise qu'elle est dirigée contre un jugement statuant sur la compétence et doit, à peine d'irrecevabilité, être motivée, soit dans la déclaration elle-même, soit dans des conclusions jointes à cette déclaration. Nonobstant toute disposition contraire, l'appel est instruit et jugé comme en matière de procédure à jour fixe si les règles applicables à l'appel des décisions rendues par la juridiction dont émane le jugement frappé d'appel imposent la constitution d'avocat, ou, dans le cas contraire, comme il est dit à l'article 948 (CPC, art. 85).

La cour d'appel peut alors soit renvoyer l'affaire, soit la juger elle-même. En principe, elle ***renvoie l'affaire*** à la juridiction qu'elle estime compétente. Cette décision s'impose aux parties et au juge de renvoi. Lorsque le renvoi est fait à la juridiction qui avait été initialement saisie, l'instance se poursuit à la diligence du juge. Le greffier de la cour notifie aussitôt l'arrêt aux parties par lettre recommandée avec demande d'avis de réception. Cet arrêt n'est pas susceptible d'opposition. Le délai de pourvoi en cassation court à compter de sa notification.

Par exception, si la cour est juridiction d'appel relativement à la juridiction qu'elle estime compétente, elle peut ***évoquer le fond*** si elle estime de bonne justice de donner à l'affaire une solution définitive après avoir ordonné elle-même, le cas échéant, une mesure d'instruction. La cour qui évoque le fond invite les parties, le cas échéant par lettre recommandée avec demande d'avis de réception, à constituer avocat dans le délai qu'elle fixe, si les règles applicables à l'appel des décisions rendues par la juridiction dont émane le jugement frappé d'appel imposent cette constitution. Si aucune des parties ne constitue avocat, la cour peut prononcer d'office la radiation de l'affaire par décision motivée non susceptible de recours. Copie de cette décision est portée à la connaissance de chacune des parties par lettre simple adressée à leur domicile ou à leur résidence (CPC, art. 89).

b) L'appel du jugement statuant sur la compétence et le fond du litige

Lorsque le juge s'est déclaré compétent et a statué sur le fond du litige dans un même jugement rendu ***en premier ressort***, celui-ci peut être frappé d'appel dans l'ensemble de ses dispositions. La cour d'appel peut soit statuer au fond, soit renvoyer l'affaire. Lorsque la cour ***infirme*** du chef de la compétence, elle statue néanmoins sur le fond du litige si la cour est juridiction d'appel relativement à la juridiction qu'elle estime compétente. Si elle n'est pas juridiction d'appel, la cour, en infirmant du chef de la compétence la décision attaquée, ***renvoie l'affaire*** devant la cour qui est juridiction d'appel relativement à la juridiction qui eût été compétente en première instance. Cette décision s'impose aux parties et à la cour de renvoi (CPC, art. 90).

Lorsque le juge s'est déclaré compétent et a statué sur le fond du litige dans un même jugement rendu ***en dernier ressort***, celui-ci peut être frappé d'appel exclusivement sur la compétence. Un pourvoi formé à l'encontre des dispositions sur le fond rend l'appel irrecevable. En cas d'appel, lorsque la cour infirme la décision attaquée du chef de la compétence, elle renvoie l'affaire devant la juridiction qu'elle estime compétente à laquelle le dossier est transmis à l'expiration du délai du pourvoi ou, le cas échéant, lorsqu'il a été statué sur celui-ci. La décision de renvoi s'impose aux parties et à la juridiction de renvoi (CPC, art. 91).

Les procédures

PARTIE 3

Les notions fondamentales de la procédure civile

Chapitre 6

La demande en justice introduit l'instance, qui est un rapport juridique d'ordre procédural unissant les parties au procès, source de droits et d'obligations dont le contenu est déterminé par la loi. Ce lien juridique s'ajoute au rapport fondamental qui lie les parties (contrat, responsabilité délictuelle...) et est soumis à des principes directeurs.

1 L'instance

Les éléments substantiels

a) Les parties

La notion de partie peut être définie à l'aide de deux critères :

- selon ***un critère formel***, la partie est celle qui figure à l'instance, parce qu'elle a pris l'initiative de la demande (le demandeur), ou parce qu'elle a fait l'objet de la citation (le défendeur), ou qu'elle est intervenue (le tiers intervenant). Une seule partie (ex. les procédures sur requête unilatérale en matière gracieuse) ou plusieurs parties peuvent figurer à l'instance, et une même partie peut cumuler plusieurs positions procédurales (le défendeur principal peut être demandeur reconventionnel) ;
- selon ***un critère matériel***, une personne qui figure dans l'instance ne devient partie que si elle a « une prétention à soutenir au sens des articles 4 et 31 du Code de procédure civile » (la participation à l'instance, comme témoin, personne entendue, expert, ne confère pas la qualité de partie).

La représentation des parties revêt deux aspects :

– il y a ***représentation dans l'exercice de l'action*** lorsque le plaideur ne souhaite pas agir personnellement, ou ne peut pas le faire parce qu'il est frappé d'une incapacité d'exercice. Un représentant, muni d'un pouvoir régulier, agit en son nom et pour son compte. Le pouvoir du représentant est toujours spécial, résultant de la loi (l'administrateur légal du mineur), du juge (l'administrateur désigné par le tribunal de commerce dans les procédures collectives) ou d'une convention (mandat d'agir conféré par acte sous-seing privé, ou résultant des statuts d'un groupement), et sa régularité dépend du régime juridique applicable à la situation (droit civil, droit commercial...). La règle « Nul en France ne plaide par Procureur » oblige à indiquer dans les actes l'identité du représentant et celle du représenté ;

– il y a ***représentation dans l'accomplissement des actes de la procédure*** lorsqu'un plaideur constitue un avocat pour rédiger les actes de procédure pour son compte et en son nom (on parle de « *postulation* » lorsque la représentation par avocat est obligatoire et que l'avocat a un monopole, par ex. devant le TGI). Le mandataire est un professionnel du droit (avocat), ou exceptionnellement un des particuliers habilités par des dispositions spéciales, devant les juridictions d'exception (par exemple, devant le tribunal d'instance, le conjoint ou un parent en ligne directe peut représenter la partie ; devant le conseil des prud'hommes ou la chambre sociale de la cour d'appel le défenseur syndical peut aussi représenter les parties). Lorsque la procédure est complexe, la représentation est imposée par la loi (devant le tribunal de grande instance, la cour d'appel) ; elle devient facultative devant les juridictions d'exception, la procédure étant par ailleurs orale. Lorsque le législateur entend faciliter la conciliation, il interdit parfois la représentation sauf si l'intéressé peut justifier d'un motif légitime de ne pas comparaître en personne (on se réfère à la notion « d'oralité renforcée », devant le tribunal paritaire des baux ruraux par ex.). Le mandat *ad litem* est soumis à un régime spécifique. La preuve est soumise au droit commun dans les rapports entre les parties, mais, à l'égard du juge et de l'adversaire, le particulier doit fournir une procuration écrite, alors que le professionnel avocat en est dispensé (l'acte de constitution notifié à l'adversaire et déposé au greffe de la juridiction suffit). La durée du mandat s'étend jusqu'à l'exécution du jugement. Mais le mandat peut prendre fin avant par la cessation des fonctions du mandataire (radiation, décès) qui entraîne interruption de l'instance (si la représentation est obligatoire, le plaideur doit disposer d'un temps suffisant pour constituer un autre avocat) ; par la révocation du mandat par l'un des contractants (si c'est le mandataire le révoque, il doit informer le juge et la partie adverse, et se faire remplacer).

Le mandat confère des ***pouvoirs et des devoirs***. Le mandataire peut accomplir tous les actes de la procédure, et est réputé avoir reçu pouvoir de faire et accepter un désistement, acquiescer, donner et accepter des offres. Le mandant peut engager la responsabilité du mandataire en prouvant le dépassement du mandat, ou le défaut de résultat en raison de l'accomplissement d'actes nuls ou du non-respect de délais de procédure, ou encore la faute résultant d'un mauvais conseil. Il s'agit d'une responsabilité professionnelle jugée par le tribunal de grande instance, qui se prescrit par cinq ans à compter de la fin de la mission (C. civ., art. 2225). Tous les professionnels (avocats, avocats à la Cour de cassation et au Conseil d'État, mais aussi les défenseurs syndicaux) du mandat *ad litem* sont soumis à une déontologie rigoureuse et à des contrôles stricts, qui constituent des garanties importantes du respect des intérêts des justiciables et d'un bon fonctionnement de la justice.

b) La matière

L'objet du litige est déterminé par les prétentions respectives des parties, définies par l'acte introductif d'instance et les conclusions en défense. Il recouvre ce qui est réclamé au juge, matériellement et juridiquement. Des demandes incidentes (additionnelles, reconventionnelles, en intervention) peuvent le modifier. Le juge est lié par la définition de l'objet du litige donné par les parties : il doit se prononcer sur tout ce qui est demandé, et seulement sur ce qui est demandé (il ne peut pas accorder plus que ce qui est demandé par exemple).

La cause de la demande a été longtemps définie comme le fondement de la prétention. Depuis un arrêt de l'Assemblée plénière de la Cour de cassation du 7 juillet 2006, la cause doit être définie comme l'ensemble des faits existants au jour de la demande, le demandeur comme le défendeur étant tenus de concentrer tous les moyens de droit applicables à ces faits. Son utilité est de permettre la détermination de l'autorité de la chose jugée, qui suppose une identité d'objet et de cause selon l'article 1355 du Code civil. Ainsi, un plaideur qui a obtenu un jugement lui refusant une réparation sur le fondement de la responsabilité délictuelle est irrecevable à saisir une 2e fois le même juge en se fondant sur la responsabilité contractuelle : il doit demander réparation de son préjudice en concentrant tous les moyens de droit (responsabilité délictuelle et contractuelle) dans la 1re instance.

■ *Les éléments formels*

a) Les actes de procédure

Les actes de procédure sont diversifiés puisqu'ils émanent du juge, des parties, des auxiliaires de justice. Ils sont toujours écrits, sauf parfois dans les procédures orales, et sont soumis à des conditions de régularité sanctionnées par la nullité.

1) La régularité des actes

Les ***règles de rédaction*** varient selon l'acte de procédure, mais elles indiquent toujours en langue française la date de l'acte, la désignation des parties et celle du représentant *ad litem* rédacteur.

L'acte de procédure doit être ***porté à la connaissance de l'adversaire*** qui doit être informé pour pouvoir se défendre. Il existe plusieurs types de notifications.

La notification en la forme ordinaire	Utilisée exceptionnellement, par remise directe au destinataire contre émargement ou récépissé, ou par voie postale (lettre recommandée avec demande d'avis de réception pour éviter les contestations ; ex. pour la notification des jugements prud'homaux). Si le destinataire a signé l'avis de réception, la ***notification est réputée faite « à personne »*** ; si l'avis de réception est signé par une personne munie d'un pouvoir à cet effet, la ***notification est réputée faite à domicile ou à résidence*** (CPC, art. 670). En cas de retour de la lettre de notification dont l'avis de réception n'a pas été signé, le requérant est invité à procéder par voie de signification par huissier de justice. La date de la notification est celle du récépissé ou de l'émargement en cas de remise, et par voie postale, celle de l'expédition (c'est-à-dire la date figurant sur le cachet du bureau d'émission) pour celui qui notifie, et celle de la réception de la lettre pour le destinataire (date apposée par l'administration des postes lors de la remise de la lettre). Pour intégrer les modes modernes de communication, l'article 748-8 du CPC prévoit que le demandeur peut déclarer à la juridiction qu'il accepte de recevoir sa convocation et les avis du greffe par courrier électronique (il donne son adresse mail) ou par message écrit transmis au numéro de téléphone préalablement déclaré à cette fin au greffe de la juridiction.
La notification entre avocats (les « actes du Palais »)	Se fait soit de façon directe, par la remise de l'acte en double exemplaire à l'intéressé qui restitue un exemplaire après l'avoir signé et daté, soit par voie de signification. Dans le cadre de la dématérialisation des procédures civiles, la notification peut s'effectuer par une communication par ***la voie électronique***, qui devrait dans un avenir proche remplacer tous les autres modes de communication entre auxiliaires de justice, avocats, huissiers de justice et même experts judiciaires. En adhérant au RPVA, l'avocat est censé avoir accepté la communication par voie électronique, selon l'article 748-2 du CPC.
La signification par huissier de justice	Constitue une notification sûre et efficace (l'huissier de justice est un officier public et ministériel qui rédige des actes authentiques faisant foi jusqu'à inscription de faux pour toutes les mentions qu'il a personnellement constatées). Elle est réalisée un jour ouvrable (à l'exclusion des dimanches, jours fériés ou chômés) et entre 6 heures et 21 heures (sauf en vertu de la permission du juge en cas de nécessité). La signification doit être faite ***à personne*** par remise de l'acte en mains propres au destinataire, à son domicile, ou en tout autre lieu ; ***à domicile*** ou ***à résidence*** : résulte de la remise de l'acte à toute personne présente au domicile du destinataire, qui accepte et déclare ses nom, prénoms et qualité. L'huissier de justice doit alors relater les diligences qu'il a accomplies pour effectuer la signification à personne, et préciser les circonstances caractérisant l'impossibilité d'une telle signification. Si personne ne peut ou ne veut recevoir copie de l'acte au domicile du destinataire, et s'il résulte des vérifications faites par l'huissier de justice, dont il est fait mention dans l'acte de signification, que le destinataire demeure bien à l'adresse indiquée, l'huissier de justice laisse au domicile du

destinataire un avis de passage. Cet avis mentionne que la copie de l'acte doit être retirée dans le plus bref délai à l'étude de l'huissier de justice, contre récépissé ou émargement, par l'intéressé ou par toute personne spécialement mandatée. L'huissier de justice doit également aviser l'intéressé de la signification par lettre simple le jour même ou au plus tard le premier jour ouvrable. La copie de l'acte est conservée à l'étude pendant trois mois. Toute personne spécialement mandatée, ou l'intéressé, peut retirer la copie contre récépissé ou émargement. La « signification est faite à domicile », même si l'intéressé lui-même vient retirer l'acte (CPC, art. 656). L'huissier de justice peut, à la demande du destinataire, transmettre la copie à une autre étude.
L'huissier de justice peut procéder à une **signification par voie électronique**, par la plateforme RPSH (réseau privé sécurisé huissier). Les particuliers doivent au préalable déclarer qu'ils acceptent la voie électronique auprès de la Chambre nationale des huissiers qui tient le registre à jour. Pour les auxiliaires de justice, la signification peut se faire par le *e-palais* (signification par huissier de justice par le biais du *e-palais*, entre avocats ; CPC, art. 672).

Si le destinataire n'a ni domicile, ni résidence, ni lieu de travail connus, l'huissier dresse un procès-verbal dans lequel il relate les diligences effectuées pour retrouver l'intéressé, il envoie par lettre recommandée avec demande d'avis de réception une copie du PV au destinataire, à la dernière adresse connue, et avise ce dernier par lettre simple.

Si le destinataire demeure dans un territoire d'outre-mer, l'huissier de justice expédie l'acte à l'autorité compétente, aux fins de remise à l'intéressé selon les modalités applicables dans la collectivité où il demeure (CPC, art. 660). Des règles particulières organisent les notifications internationales, pour les actes signifiés à l'étranger, ou les notifications des actes en provenance de l'étranger (CPC, art. 683 et s.), mais il existe le plus souvent une convention internationale précisant les modalités de notification.

Des dispositions spéciales régissent les notifications dans le cadre de ***l'espace judiciaire européen*** : elles résultent de règlements de l'Union européenne directement applicables dans les États membres (Règl. CE n° 1393/2007, 13 nov. 2007 pour la notification et la signification des actes judiciaires et extrajudiciaires en matière civile et commerciale ; *Payan G., Code judiciaire européen, 2015, éd. Bruylant*).

L'article 748 du CPC prévoit la possibilité de communication par voie électronique, entre les juridictions et les auxiliaires de justice et entre les auxiliaires de justice. Elle est parfois obligatoire (ex : la déclaration d'appel et la constitution d'avocat devant la cour d'appel sont recevables uniquement par voie électronique). Lorsqu'elle n'est pas imposée, elle doit être acceptée par le destinataire, sauf s'il est avocat (CPC, art. 748-2).

2) La nullité des actes

La nullité des actes peut résulter :

- des ***irrégularités de fond*** qui constituent des vices graves (défaut de capacité d'agir, de pouvoir du représentant d'un incapable ou d'une personne morale, ou défaut de capacité ou de pouvoir d'une personne qui représente une partie). Elles peuvent être soulevées en tout état de cause, et même relevées d'office par le juge lorsqu'elles ont un caractère d'ordre public. Pour la Cour de cassation, la liste des irrégularités de fond énoncée à l'article 117 du CPC est limitative. L'intéressé n'a pas besoin de prouver un préjudice pour obtenir l'annulation. Si cela est possible, l'acte peut être régularisé avant que le juge statue ;
- des ***irrégularités de forme*** qui sont soumises à la règle « pas de nullité sans texte » : elles doivent être expressément prévues par la loi, sauf s'il s'agit de formalités substantielles ou d'ordre public, qui tiennent à la raison d'être de l'acte et lui sont indispensables pour remplir son objet. De plus, selon la règle « pas de nullité sans grief », la nullité pour vice de forme n'est prononcée que si plusieurs conditions sont réunies :
  - le demandeur doit prouver que l'irrégularité lui a causé un grief en l'empêchant d'assurer convenablement sa défense,
  - le demandeur doit soulever la nullité avant de faire valoir une défense au fond ou une fin de non-recevoir (on dit qu'il agit « *in limine litis* » pour soulever une exception de procédure). De plus, devant le TGI et la cour d'appel, l'exception de nullité ne peut être soulevée que devant le juge de la mise en état, à peine d'irrecevabilité (CPC, art. 771 et 914).

L'acte peut être régularisé jusqu'au moment où le juge statue, à condition qu'aucune forclusion ne soit intervenue et que la régularisation ne laisse subsister aucun grief.

Le prononcé de la nullité pour vice de fond ou de forme entraîne les mêmes effets :

- l'acte annulé est rétroactivement anéanti et tous les actes subséquents sont privés d'effets (mais la demande nulle conserve son effet interruptif de la prescription qu'elle soit annulée pour vice de forme ou de fond) ;
- la procédure doit être reprise sur ses derniers errements, c'est-à-dire à partir du dernier acte valable.

L'auxiliaire de justice rédacteur de l'acte nul peut être sanctionné par des dommages et intérêts s'il a commis une faute, et il est tenu des dépens afférents à l'acte nul.

La demande de nullité d'un rapport d'expertise est soumise aux mêmes cas de nullité, mais ce n'est pas une exception de procédure. Il s'agit d'une « demande » de nullité qui doit aussi être soulevée *in limine litis*, mais qui ne relève pas de la compétence exclusive du juge de la mise en état devant le TGI.

b) Les délais de procédure

La durée des délais est en principe définie par la loi, mais le juge a souvent le pouvoir de fixer un calendrier (par ex. en matière d'expertise, ou pour le déroulement de la mise en état). Elle est déterminée en années, en mois, en jours ou en heures. Les délais de procédure sont en principe intangibles, c'est-à-dire insusceptibles de modification dans leur durée. Le juge a exceptionnellement le pouvoir d'augmenter certains délais, ou de les réduire en cas d'urgence. Les délais sont étroitement liés à l'exigence de durée raisonnable des procès, qu'imposent l'article 6 § 1 de la Convention européenne et, depuis l'ordonnance du 8 juin 2006, l'article L. 111-3 du Code de l'organisation judiciaire (« *les décisions de justice sont rendues dans un délai raisonnable* »).

La computation des délais s'effectue selon des règles générales :

- ***le point de départ*** est la date de l'acte, de l'événement, de la décision ou notification qui fait courir le délai. En cas de délai fixé en jours, le jour de l'acte ne compte pas, et le délai commence à courir le lendemain à zéro heure ;
- ***l'échéance*** d'un délai en jours est le dernier jour à 24 heures, celle d'un délai en mois ou en années, le jour du dernier mois ou de la dernière année qui porte le même quantième que le jour de départ (à défaut de quantième identique, l'échéance est le dernier jour du mois). Si ce jour est un samedi, dimanche, jour férié ou chômé, le délai est prorogé jusqu'au premier jour ouvrable suivant, pour laisser au plaideur la possibilité d'agir ;
- lorsque le procès en France met en cause un plaideur qui demeure dans un département d'Outre-Mer ou à l'étranger, ***des augmentations à raison des distances*** sont prévues (1 ou 2 mois), pour comparaître ou former des recours.

La sanction de l'expiration des délais est, en principe, la ***forclusion*** ou la déchéance, qui est l'interdiction d'accomplir l'acte hors délai, à peine d'irrecevabilité. La forclusion est automatique, elle peut même être relevée d'office par le juge si elle a un caractère d'ordre public (ex. le non-respect des délais de recours). L'intéressé peut être relevé de la forclusion, soit par un moratoire (en cas de circonstances graves ayant perturbé la vie du pays, une loi suspend les délais, les augmente, ou autorise l'accomplissement d'actes pendant un temps donné), soit par le juge, habilité à relever de la forclusion par un texte (le défendeur défaillant est relevé de la forclusion résultant de l'expiration du délai d'appel ou d'opposition s'il n'a pas eu connaissance du jugement à temps, sans faute de sa part), ou qui constate un cas de force majeure ayant empêché le plaideur d'agir dans le délai.

L'expiration de certains délais peut entraîner l'***extinction de l'instance*** : on peut citer la péremption de l'instance pour inaction des plaideurs pendant plus de 2 ans ; la caducité de la citation et l'extinction de l'instance pour défaut d'enrôlement de l'assignation dans les 4 mois devant le tribunal de grande instance. La carence des parties peut être sanctionnée par la ***suspension de l'instance*** (ex. radiation pour non-accomplissement des actes dans les délais). Lorsque l'avocat de l'une des parties ne respecte pas les délais prévus dans la mise en état de l'affaire devant le tribunal de grande instance ou la cour d'appel, le juge de la mise en état peut prononcer une ***clôture partielle*** à son égard : cela signifie qu'il ne pourra plus conclure ou déposer de nouvelles pièces (CPC, art. 780 et 783), à moins de demander la rétractation de cette clôture partielle pour répliquer à des demandes ou moyens nouveaux présentés par une autre partie postérieurement à l'ordonnance du juge, ou en cas de cause grave et dûment justifiée. En appel, certains délais sont sanctionnés par la caducité de la déclaration d'appel (CPC, art. 902 et 908), ou l'irrecevabilité des conclusions (CPC, art. 909 et 910).

Il arrive que l'expiration de certains délais ne soit ***pas sanctionnée*** : par exemple, le défendeur dispose de quinze jours pour constituer avocat devant le tribunal de grande instance, mais il peut encore utilement agir plus tard.

2 Les principes directeurs du procès

Le procès civil mettant en cause des intérêts privés, il est traditionnellement considéré comme la chose des parties (ceci correspond au « principe dispositif » et au « principe d'« initiative ») : la procédure est traditionnellement considérée comme étant de type « accusatoire » ; le juge est dépourvu de prérogatives et est plutôt considéré comme un « arbitre ». Mais le souci d'accélérer le cours du procès et d'obtenir un jugement de qualité, susceptible de rétablir la paix sociale, a conduit le législateur à accroître les pouvoirs du juge, surtout dans le contrôle du déroulement de l'instance et de la loyauté des débats. Dans l'exercice de ces missions, le juge doit alors respecter le principe du contradictoire.

■ *Le principe dispositif et le principe d'initiative*

Appliqué au déroulement de l'instance, le ***principe d'initiative*** confère des pouvoirs importants aux parties :

- ***l'introduction de l'instance*** relève de leur seule impulsion, sauf dans les cas exceptionnels de saisine d'office du juge (ex. en matière de mesures de protection des majeurs ; C. civ., art. 442) ;
- ***la conduite de l'instance*** est réalisée par les parties, qui doivent respecter les charges qui leur incombent (accomplir les actes dans les délais requis), sous le contrôle du juge ;
- ***la fin de l'instance*** résulte du jugement ou de la loi, mais les parties disposent de prérogatives leur permettant d'éteindre le lien juridique d'instance (par ex. par un désistement d'instance) ou de le suspendre (par une demande de retrait du rôle).

Appliqué à la matière du litige, le ***principe dispositif*** laisse aux parties ***la maîtrise des faits***. Les parties ont la charge d'alléguer les faits propres à fonder leurs prétentions :

- le juge ne peut pas fonder sa décision sur des faits qui ne sont pas dans les débats ;
- mais il peut inviter les parties à lui fournir les explications de fait qu'il estime nécessaires à la solution du litige et prendre en considération, parmi les éléments du débat, les faits que les parties n'ont pas spécialement invoqués au soutien de leurs prétentions.

Chaque partie doit prouver les faits qu'elle allègue, même si le juge peut ordonner d'office des mesures d'instruction. Seules les preuves conformes à la loi peuvent être apportées, sauf si le juge admet que la preuve déloyale était indispensable au « droit à la preuve » de la partie et que l'atteinte au droit d'autrui (par ex. à sa vie privée) était proportionnée.

S'agissant du droit, l'article 12 du Code de procédure civile précise que le juge tranche le litige conformément aux règles de droit qui lui sont applicables (il ne peut pas motiver son jugement en équité). L'interprétation donnée à cette disposition par la Cour de cassation, depuis un arrêt de l'Assemblée plénière du 21 décembre 2007, conduit à distinguer plusieurs situations :

- si ***le plaideur a proposé une qualification juridique à ses prétentions***, le juge doit vérifier les conditions de mise en œuvre de la règle de droit invoquée et, pour cela, il doit au besoin disqualifier et requalifier les faits allégués. À cet égard, le Code de procédure civile précise que si la demande prend la forme d'une assignation, le demandeur doit préciser « l'objet de la demande avec un exposé des moyens en fait et en droit ». De même, devant le tribunal de grande instance, les conclusions du défendeur (et du demandeur en réponse) sont modélisées. Elles doivent formuler expressément les prétentions des parties ainsi que les moyens en fait et en droit sur lesquels chacune de ces prétentions est fondée avec indication pour chaque prétention des pièces invoquées et de leur numérotation. En outre, elles comprennent plusieurs parties, à savoir, distinctement un exposé des faits et de la procédure, une discussion des prétentions et des moyens ainsi qu'un dispositif récapitulant les prétentions. Les moyens qui n'auraient pas été formulés dans les conclusions précédentes doivent être présentés de manière formellement distincte. Le tribunal ne statue que sur les prétentions énoncées au dispositif et n'examine les moyens au soutien de ces prétentions que s'ils sont invoqués dans la discussion. Les parties doivent reprendre dans leurs dernières conclusions les prétentions et moyens présentés ou invoqués dans leurs conclusions antérieures. À défaut, elles sont réputées les avoir abandonnés et le tribunal ne statue que sur les dernières conclusions déposées. Si le juge estime que le moyen de droit invoqué conduit à débouter le demandeur de sa prétention, il n'est pas obligé de rechercher un autre fondement juridique pour lui donner gain de cause ; néanmoins, le juge a la faculté de changer le fondement juridique de la demande, de relever un autre moyen de droit et de le soumettre au contradictoire ;

- si ***le plaideur ne propose aucune qualification juridique***, le juge a l'obligation de rechercher la règle de droit applicable aux faits qui lui sont présentés. Il doit alors, en principe, respecter le contradictoire, et demander aux parties de présenter leurs observations sur le moyen de droit adéquat.

Dans toutes les procédures, les parties peuvent demander au juge de statuer *en équité*, sans faire application du droit, en lui confiant la mission de statuer comme amiable compositeur (situation rarissime). Le juge peut toujours concilier les parties (CPC, art. 21), et trouver avec elles une solution adaptée à leurs besoins.

■ Le principe du contradictoire

Le principe de la contradiction (ou du contradictoire) constitue l'un des éléments du procès équitable et des droits de la défense. Le Code de procédure civile en fait un principe directeur du procès, à l'égard des parties et du juge.

Pour les parties, plusieurs conséquences en découlent :

- ***nulle partie ne peut être jugée sans avoir été entendue ou appelée*** : certes, en cas de refus de comparution, un jugement peut être prononcé, à condition que le juge s'assure que le défaillant a bien été convoqué (sinon, il commet un excès de pouvoir). Néanmoins, en cas de défaut de comparution du défendeur, le juge ne peut faire droit à la demande que s'il l'estime régulière, recevable et bien fondée ; il ne peut pas considérer que l'absence du défendeur équivaut à un aveu. Tout plaideur doit disposer d'un temps suffisant pour assurer sa défense, un délai de comparution est fixé par la loi qui est généralement de 15 jours avant la date de l'audience ;
- ***les parties sont libres de porter à la connaissance du juge tout élément qu'elles jugent opportun***. Elles ont une immunité de la défense (L. 29 juillet 1881, art. 41), puisque les discours prononcés et les écrits produits devant les tribunaux ne donnent lieu à aucune action en diffamation, injure ou outrage. Mais elles doivent respecter la justice, ce qui autorise le juge à supprimer les écrits, ou les déclarer calomnieux ;
- ***les parties doivent se faire connaître mutuellement***, en temps utile, les moyens de fait sur lesquels elles fondent leurs prétentions, les éléments de preuve qu'elles produisent, et les moyens de droit qu'elles invoquent. À défaut, des sanctions peuvent être prononcées par le juge, qui peut écarter des débats les pièces non communiquées, ou communiquées tardivement, et déclarer irrecevables les conclusions qui sont communiquées tardivement à l'adversaire. Dans les procédures orales, la contradiction s'exerce pendant l'audience : pour que la partie puisse assurer correctement sa défense, le juge doit ordonner un renvoi à une audience ultérieure (il

peut établir un calendrier des échanges avec l'avis des avocats des parties et fixer les délais des communications ; CPC, art. 446-2).

Pour le juge, la contradiction crée des obligations :

– il doit faire observer le principe de la contradiction par les parties. À cet effet, il peut enjoindre aux parties de communiquer des documents, et sanctionner les comportements non contradictoires et déloyaux (par exemple, en rejetant des débats les pièces communiquées tardivement) ;
– il doit observer lui-même le principe de la contradiction. Il ne peut tenir compte dans sa décision que des éléments soumis au contradictoire, et lorsqu'il soulève d'office un moyen de droit, il doit en discuter avec les parties.

■ *Le principe de loyauté*

La loyauté, définie comme un comportement fait de droiture et de probité attendu du plaideur envers le juge et envers son adversaire, ne figure pas expressément dans les principes directeurs de l'instance.

Le principe de loyauté n'est énoncé par le Code de procédure civile que dans certaines dispositions particulières (ex. CPC, art. 763 : le juge de la mise en état veille au « *déroulement loyal* » de la procédure), et est consacré par la jurisprudence.

Dans l'obtention et l'élaboration des preuves, l'article 9 du CPC impose aux parties de prouver ***conformément à la loi***, les faits nécessaires au succès de leurs prétentions. La jurisprudence déclare donc irrecevables les preuves obtenues par des procédés illicites (atteintes à la vie privée, vol de documents...), sauf si le document obtenu en violation de la vie privée et de la correspondance est indispensable pour que le justiciable puisse prouver les faits, et si l'atteinte aux droits fondamentaux est proportionnée aux intérêts antinomiques en présence (en cas de recours à des stratagèmes, ou de violation du secret professionnel d'un notaire ou d'un avocat, par ex. la preuve n'est pas recevable).

Dans l'administration judiciaire de la preuve, les parties doivent se communiquer les éléments en temps utile et loyalement. À défaut, la pièce est écartée des débats. La Cour de cassation a posé un principe général selon lequel « *le juge est tenu de respecter et de faire respecter la loyauté des débats* ». Ce principe permet notamment aux juges de sanctionner une partie qui retient une pièce déterminante pour l'issue du litige, en permettant à son adversaire qui en prend connaissance pendant le délibéré, de la produire aux débats (alors que les textes interdisent en principe de fournir des « notes » en délibéré).

La procédure devant le tribunal de grande instance

Chapitre 7

Le tribunal de grande instance est l'unique juridiction du droit commun du 1er degré : la procédure contentieuse est complexe et impose la constitution obligatoire d'un avocat, qui dispose d'un monopole de la représentation (la postulation est limitée aux TGI du ressort de la cour d'appel où l'avocat est installé). La procédure est formaliste, écrite, et comprend plusieurs phases.

1 L'introduction de l'instance

■ *L'assignation et sa signification*

Le demandeur cite son adversaire à comparaître devant le tribunal par un acte signifié par un huissier de justice. L'assignation doit contenir à peine de nullité pour vice de forme : l'indication du tribunal, la constitution de l'avocat du demandeur, l'indication du délai de quinze jours pour que le défendeur constitue à son tour avocat, la mention qu'à défaut de comparution le défendeur s'expose au prononcé d'un jugement, les modalités de comparution devant la juridiction, l'objet de la demande, avec les moyens de fait et de droit. Elle mentionne les pièces sur lesquelles la demande est fondée (un bordereau annexé énumère ces pièces). Elle doit indiquer les diligences accomplies par les parties en vue de trouver un arrangement amiable avant la procédure (à défaut, le juge peut proposer une conciliation ou une médiation). L'assignation doit être signée par un avocat. Elle est ensuite signifiée par un huissier de justice au défendeur, conformément aux règles générales de la signification (CPC, art. 654 et s.).

Si le défendeur constitue avocat, un acte de constitution est notifié à l'avocat du demandeur par acte du palais, puis remis au greffe ou envoyé par voie électronique (RPVA s'agissant des avocats).

■ *La saisine du tribunal*

Dans les quatre mois, l'une ou l'autre des parties remet au greffe une copie de l'assignation signifiée pour saisir le tribunal (c'est l'enrôlement, le placement ou la mise au rôle). À défaut, l'assignation est caduque, c'est-à-dire rétroactivement anéantie. Le délai de caducité est rigoureux, parce qu'il n'est pas possible de justifier d'un motif légitime pour échapper à la sanction. La seule exception consiste dans la signature d'une convention de procédure participative assistée par avocat en vue d'un arrangement amiable, qui suspend le délai de caducité jusqu'à l'extinction de la procédure conventionnelle. À partir du 1er septembre 2019, l'assignation devra être remise au greffe du TGI par voie électronique, à peine d'irrecevabilité. À peine d'irrecevabilité relevée d'office, les actes de procédure seront remis à la juridiction par voie électronique. Lorsqu'un acte ne pourra être transmis par voie électronique pour une cause étrangère à celui qui l'accomplira, il sera établi sur support papier et remis au greffe selon les modalités de l'article 821 ou lui sera adressé par lettre recommandée avec demande d'avis de réception. Si l'acte est une simple requête ou une déclaration, il sera remis ou adressé au greffe en autant d'exemplaires qu'il y a de destinataires, plus deux. Lorsque l'acte aura été adressé par voie postale, le greffe l'enregistrera à la date figurant sur le cachet du bureau d'émission et adressera à l'expéditeur un récépissé par tout moyen.

Les avis, avertissements ou convocations seront remis aux avocats des parties par voie électronique, sauf impossibilité pour cause étrangère à l'expéditeur. Un arrêté du garde des Sceaux, ministre de la Justice définira les modalités des échanges par voie électronique (CPC, art. 796-1).

Le greffe inscrit l'affaire au rôle (ou répertoire) général et ouvre un dossier de l'affaire contenant tous les documents relatifs au procès. Le répertoire général, le dossier et le registre sont tenus sur support électronique (CPC, art. 729-1).

2 Les formalités de fixation et de distribution

Le président du tribunal distribue l'affaire à l'une des chambres. Une date est fixée, à laquelle l'affaire sera appelée devant le président de la chambre compétente pour une conférence. Les avocats constitués sont informés à la diligence du greffier.

3 La conférence présidentielle

Si la pratique le prévoit devant le tribunal, l'affaire est appelée devant le président de la chambre qui confère avec les avocats présents de l'état de la cause. Le plus souvent, cette conférence n'est pas mise en place et l'affaire est directement renvoyée à la mise en état. Néanmoins, trois issues sont envisagées par les textes.

Issues possibles	Conditions
Renvoi à l'audience	Est décidé si l'affaire est prête à être jugée au fond, au vu des conclusions échangées et des pièces communiquées. Le président déclare la clôture de l'instruction et fixe la date de l'audience.
Renvoi à une seconde conférence	Peut être prévu, à une date fixée, si un ultime échange de conclusions ou une ultime communication de pièces suffit à la mettre en état, ou si les conclusions des parties doivent être mises en conformité avec les exigences de l'article 753 du CPC (v. *supra*). À cette seconde conférence, si l'affaire est en état, le président déclare l'instruction close, et renvoie à l'audience dont il fixe la date. Il peut décider qu'une instruction est nécessaire, et renvoie devant le juge de la mise en état.
Instruction confiée au juge de la mise en état	L'instruction peut être confiée au juge de la mise en état (magistrat de la chambre à laquelle l'affaire est distribuée), dont la mission est de « veiller au déroulement loyal de la procédure », dans le respect de la contradiction et des délais raisonnables, de contribuer à la manifestation de la vérité par le biais des mesures d'instruction, et de statuer sur tous les incidents de la procédure.

4 L'instruction de l'affaire

Le juge de la mise en état joue un rôle important.

Dans l'administration de la mise en état, il contrôle la ponctualité de l'échange des conclusions et de la communication des pièces, et leur conformité aux exigences de la procédure ; il a des pouvoirs d'information pour entendre les avocats, leur faire toute communication utile, les inviter à fournir des explications de fait et de droit, se faire communiquer des pièces ; entendre les parties et constater leur conciliation. Depuis le décret du 28 décembre 2005, le juge de la mise en état peut, après avoir sollicité l'avis des avocats, fixer ***un calendrier de la mise en état***. Ce dernier comporte le nombre prévisible et la date des échanges de conclusions, la date de la clôture, celle des débats et du prononcé de la décision. Les délais fixés peuvent être prorogés en cas de cause grave et dûment justifiée par les avocats. Le juge de la mise en état a des pouvoirs d'injonction pour fixer les délais de l'instruction, des dépôts de conclusions qu'il y ait ou non un calendrier de la mise en état ; il peut sanctionner les parties. Le Code de procédure civile prévoit plusieurs sanctions :

– la ***radiation de l'affaire du rôle***, après avis donné aux avocats, si ces derniers n'accomplissent pas les actes de la procédure ;
– la ***clôture partielle de l'instruction***, à l'égard de la partie qui ne respecte pas les délais. Dans ce dernier cas, le juge peut rétracter son ordonnance pour permettre à la partie de répliquer à des demandes ou moyens nouveaux présentés par une partie postérieurement à la clôture partielle (CPC, art. 781).

Dans la juridiction de la mise en état, le juge de la mise en état ***statue à titre exclusif*** sur de nombreuses questions : les exceptions de procédure, les provisions pour le procès, la provision au créancier lorsque l'obligation n'est pas sérieusement contestable, les mesures provisoires, les mesures d'instruction. Les exceptions de procédure et incidents mettant fin à l'instance ne peuvent plus être ultérieurement soulevés s'ils n'ont pas été présentés au juge de la mise en état (CPC, art. 771), sauf s'ils sont survenus ou ont été révélés postérieurement à son dessaisissement. Compte tenu de cette rigueur, la Cour de cassation a précisé, dans un avis du 13 novembre 2006, que les incidents mettant fin à l'instance « sont ceux mentionnés par les articles 384 et 385 du Code de procédure civile et n'incluent pas les fins de non-recevoir ». Le juge de la mise en état statue par ordonnances motivées, les avocats entendus ou appelés. Ses décisions n'ont pas, au principal, l'autorité de la chose jugée, et ne peuvent être frappées d'appel ou de pourvoi en cassation qu'avec le jugement sur le fond. Mais, lorsque le juge de la mise en état statue sur une exception de procédure ou un incident mettant fin à l'instance, son ordonnance a autorité de chose jugée et est susceptible d'un appel immédiat (CPC, art. 775 et 776).

L'***ordonnance de clôture de l'instruction***, non motivée et insusceptible de recours, entraîne le renvoi de l'affaire devant le tribunal pour être plaidée, à une date aussi proche que possible de la clôture. Ses effets sont importants : aucune conclusion ne peut être produite aux débats ultérieurement, à peine d'irrecevabilité prononcée d'office (il en est de même des conclusions et pièces remises peu de temps avant le prononcé de l'ordonnance de clôture qui entravent les droits de la défense). Elle peut être révoquée s'il se révèle une cause grave depuis qu'elle a été rendue.

5 L'audience des plaidoiries

L'audience sert de cadre au déroulement des débats qui doivent être publics. Des exceptions sont prévues (débats à huis clos, en chambre du conseil), lorsque la loi l'exige (pour protéger les intérêts des parties, en matière de divorce), ou lorsque le juge le décide, en cas d'atteinte à l'intimité de la vie privée ou si des désordres troublent la sérénité de la justice, ou si toutes les parties le demandent.

L'article L. 111-12 du Code de l'organisation judiciaire prévoit que les audiences devant les juridictions judiciaires peuvent, avec le consentement de l'ensemble des parties, se dérouler dans plusieurs salles d'audience, reliées directement par un moyen de télécommunication audiovisuelle garantissant la confidentialité de la transmission : la ***visioconférence*** permet de diminuer le coût des déplacements, et assure une proximité de la justice en dépit de l'éloignement géographique de la juridiction.

■ *L'organisation des débats*

Le président de la chambre assure ***la police de l'audience*** et fait expulser toute personne qui n'obtempère pas à ses injonctions. ***Avant les plaidoiries, un rapport*** est obligatoirement présenté au tribunal par le juge de la mise en état pour éclairer le débat. Ce rapport expose l'objet de la demande et les moyens des parties, précise les questions de fait et de droit soulevées par le litige et fait mention des éléments propres à éclairer le débat, sans faire connaître l'avis du juge qui en est l'auteur. S'il l'estime nécessaire, le juge de la mise en état peut demander aux avocats ***de déposer leur dossier au greffe***, avec les pièces produites, à la date qu'il détermine, pour pouvoir établir le rapport (généralement 15 jours avant la date de l'audience).

Les plaidoiries sont présentées par les avocats. Il s'agit parfois de plaidoiries dites « interactives », par lesquelles les avocats répondent aux questions posées par les juges. La parole est donnée à l'avocat du demandeur, puis à celui du défendeur. Le président fait cesser les plaidoiries ou les observations présentées. Les parties peuvent être autorisées par le juge à présenter elles-mêmes des observations, assistées de leur représentant. Le Ministère public, partie jointe, prend la parole le dernier mais les parties peuvent lui répondre par des notes en délibéré.

Les plaidoiries peuvent se dérouler devant le juge de la mise en état ou le juge chargé du rapport, à condition que les avocats ne s'y opposent pas. Ce juge unique rendra compte des débats à la formation collégiale du tribunal qui jugera l'affaire.

■ *La clôture des débats*

Le président prononce la clôture et met l'affaire en délibéré (le jugement peut théoriquement être prononcé sur-le-champ ou sur le siège). Le jugement sera prononcé à une date que le président doit indiquer. Le prononcé peut prendre la forme soit d'une lecture lors d'une audience publique, soit d'un dépôt du jugement au greffe de la juridiction (CPC, art. 450). À partir de la clôture, certaines nullités ne peuvent plus être invoquées, les magistrats ne peuvent plus être récusés, aucune note en délibéré ne peut être déposée par les parties, sauf les notes qui répondent aux arguments du Ministère public partie jointe, ou qui sont remises à la demande du président.

■ *La réouverture des débats*

Elle doit avoir lieu en cas de changement survenu dans la composition de la juridiction ou si les parties n'ont pas été à même de s'expliquer contradictoirement sur les éclaircissements de droit ou de fait qui leur avaient été demandés. Elle peut être décidée par le président si un élément nouveau le justifie.

■ *Le dépôt des dossiers et l'absence de plaidoiries*

L'article 779 du CPC prévoit que le juge de la mise en état s'il a reçu délégation (ou le président de la chambre du TGI) peut, à la demande des avocats et après accord du Ministère public le cas échéant, autoriser le dépôt des dossiers au greffe à une date qu'il fixe « *quand il lui apparaît que l'affaire ne requiert pas de plaidoiries* ». À l'expiration du délai prévu, le président de la chambre informe les parties du nom des juges de la chambre qui vont délibérer ainsi que de la date à laquelle le jugement sera rendu.

La procédure devant les juridictions dites d'exception

Chapitre 8

La finalité des procédures devant les juridictions dites d'exception est d'offrir aux justiciables une justice très accessible : le formalisme est donc atténué, la procédure est orale, et la représentation par avocat n'est pas obligatoire, ce qui réduit le coût du procès. Les procédures orales ont fait l'objet d'importantes réformes qui ont conduit à instituer une mise en état écrite, lorsque les parties sont toutes assistées ou représentées par un avocat.

L'article 446-1 du Code de procédure civile définit ainsi l'oralité : « *les parties présentent oralement à l'audience leurs prétentions et les moyens à leur soutien* ». Cela signifie que, lorsque la procédure est orale, le juge ne peut être saisi d'une prétention que de manière orale, verbale, et qu'un écrit ne peut pas suppléer l'absence d'émission verbale de la prétention. La conséquence est que les parties (ou leur représentant) doivent être physiquement présentes à l'audience. Toutefois, les parties peuvent faire référence orale aux prétentions et aux moyens qu'elles auraient formulés par écrit pour saisir le juge. En outre, l'alinéa 2 de l'article 446-1 prévoit la possibilité pour certains tribunaux d'autoriser les parties qui le demandent à formuler leurs prétentions et moyens par écrit sans se présenter à l'audience et d'organiser un calendrier des échanges avec l'accord des parties.

L'article 446-2 du Code de procédure civile prévoit une mise en état écrite, en distinguant plusieurs cas. Lorsque les débats sont renvoyés à une audience ultérieure, le juge ***peut organiser les échanges entre les parties comparantes***. Après avoir recueilli leur avis, le juge peut ainsi fixer les délais et, si elles en sont d'accord, les conditions de communication de leurs prétentions, moyens et pièces. Lorsque les parties formulent leurs prétentions et moyens par écrit et ***qu'elles ne sont pas assistées ou représentées par un avocat***, le juge peut, avec leur accord, prévoir qu'elles seront réputées avoir abandonné les prétentions et moyens non repris dans leurs dernières écritures communiquées. Lorsque toutes les parties comparantes formulent leurs prétentions et moyens par écrit ***et sont assistées ou représentées par un avocat, les conclusions*** doivent formuler expressément les prétentions ainsi que les moyens en fait et en droit sur lesquels chacune de ces prétentions est fondée avec indication pour chaque prétention des pièces invoquées et de leur numérotation. Un bordereau énumérant les pièces justifiant ces prétentions est annexé aux conclusions. Les conclusions comprennent distinctement un exposé des faits et de la procédure, une discussion des prétentions et des moyens ainsi qu'un dispositif récapitulant les prétentions. Les moyens qui n'auraient pas été formulés dans les écritures précédentes doivent être présentés de manière formellement distincte. Le juge ne statue que sur les prétentions énoncées au dispositif et n'examine les moyens au soutien de ces prétentions que s'ils sont invoqués dans la discussion. Les parties doivent reprendre dans leurs dernières conclusions les prétentions et moyens présentés ou invoqués dans leurs conclusions antérieures. À défaut, elles sont réputées les avoir abandonnés et le juge ne statue que sur les dernières conclusions déposées.

Le texte précise ***les sanctions*** applicables. À défaut pour les parties de respecter les modalités de communication fixées par le juge, celui-ci peut rappeler l'affaire à l'audience, en vue de la juger ou de la radier. Le juge peut écarter des débats les prétentions, moyens et pièces communiqués sans motif légitime après la date fixée pour les échanges et dont la tardiveté porte atteinte aux droits de la défense.

1 Procédure devant le tribunal d'instance

Les dispositions particulières à la procédure devant le TI sont prévues aux articles 827 et suivants du Code de procédure civile. Les règles communes aux procédures orales sont applicables, mais il existe des particularités.

■ *La tentative préalable de conciliation*

Le demandeur forme une demande par déclaration, faite, remise ou adressée au greffe, en indiquant les nom, prénoms, profession et adresse des parties et l'objet de sa prétention. La demande interrompt la prescription et les délais pour agir dès son enregistrement (CPC, art. 830). Le juge peut déléguer cette mission à un conciliateur de justice. Cette procédure est très peu utilisée.

Le juge peut toujours déléguer d'office la conciliation à un conciliateur de justice. Le greffe avise le défendeur par tous moyens de la décision du juge ; l'avis précise les nom, prénoms, profession et adresse du demandeur et l'objet de la demande (CPC, art. 831). Le demandeur et le conciliateur sont avisés par tous moyens de la décision du juge, et une copie de la demande est adressée au conciliateur.

Le conciliateur procède à la tentative de conciliation « *comme il est dit aux articles 129-2 à 129-4, 130 et 131 du CPC* ». Il dispose de 3 mois renouvelables. Il convoque les parties, aux lieu, jour et heure qu'il détermine. Ces dernières doivent se présenter en personne et peuvent se faire assister comme devant le juge d'instance (CPC, art. 828). Le conciliateur peut, avec l'accord des parties, se rendre sur les lieux, entendre toute personne dont l'audition lui paraît utile avec l'accord des personnes intéressées, mais ne dispose pas de pouvoirs d'instruction.

Deux issues sont prévues :

- ***en cas d'échec de la tentative de conciliation***, le conciliateur en informe le juge, en précisant la date de la réunion à l'issue de laquelle il a constaté cet échec (CPC, art. 832). Que l'échec soit total ou partiel, le demandeur peut saisir la juridiction aux fins de jugement (CPC, art. 836), de tout ou partie des prétentions initiales, selon les modalités de l'article 829 du CPC, c'est-à-dire par assignation. S'il agit dans le mois suivant la réunion ou l'audience à l'issue de laquelle a été constaté l'échec de la conciliation, sa demande peut être formée par déclaration au greffe ;
- ***si la mission aboutit à une conciliation***, même partielle, la teneur de l'accord est consignée dans un constat d'accord signé par les parties et le conciliateur de justice (CPC, art. 130). Les parties (ou la plus diligente d'entre elles) peuvent former une demande d'homologation du constat, transmise par le conciliateur au juge avec une copie du constat (CPC, art. 833). Le juge qui homologue doit vérifier que le constat d'accord est conforme aux règles relatives à la conciliation, et qu'il n'est pas contraire à l'ordre public. Dans tous les cas, les constatations du conciliateur et les déclarations recueillies ne peuvent être ni produites ni invoquées dans la suite de la procédure sans l'accord des parties, ni, en tout état de cause, dans une autre instance (CPC, art. 129-3).

Le juge d'instance peut procéder lui-même à la conciliation (CPC, art. 834). Le greffe avise le demandeur par tout moyen des lieu, jour et heure auxquels l'audience de conciliation se déroulera (CPC, art. 834), ainsi que de la possibilité de se faire assister par une des personnes énumérées à l'article 828 du Code de procédure civile.

Au jour fixé, si la conciliation aboutit, la teneur de l'accord, même partiel, est consignée dans un procès-verbal de conciliation signé par le juge et les parties. Des extraits peuvent être délivrés et valent titre exécutoire.

Si la tentative de conciliation échoue, l'affaire peut être immédiatement jugée si les parties y consentent. Il est alors procédé selon les modalités de la présentation volontaire. À défaut, les parties sont avisées que la juridiction peut être saisie aux fins de jugement de la demande.

■ *La procédure aux fins de jugement*

a) L'introduction de l'instance

Elle peut être réalisée selon deux modalités principales.

L'assignation à toutes fins, signifiée par huissier de justice 15 jours avant l'audience, contient les mentions communes à toute demande et indique la date de l'audience de conciliation. Les parties se défendent elles-mêmes, mais elles peuvent se faire assister ou représenter par un avocat ou un membre de leur famille ou leur concubin ou partenaire d'un pacs, ou une personne exclusivement attachée à leur service personnel ou à leur entreprise. Le tribunal d'instance est saisi à la diligence de l'une des parties, par remise au greffe d'une copie de l'assignation au plus tard 8 jours avant la date de l'audience. L'affaire est inscrite au répertoire général et un dossier est ouvert. À défaut de saisine du juge dans ce délai, l'assignation est caduque : la caducité, constatée d'office par ordonnance du juge ou à la requête d'une partie, anéantit rétroactivement l'assignation.

La déclaration au greffe est très utilisée, et réservée aux litiges inférieurs à 4 000 euros. La prescription et les délais pour agir sont interrompus par l'enregistrement de la déclaration (CPC, art. 843). Outre les mentions prescrites par l'article 58, la déclaration doit contenir, à peine de nullité, un exposé sommaire des motifs de la demande. Les ***pièces*** que le demandeur souhaite invoquer à l'appui de ses prétentions sont ***jointes à sa déclaration*** en autant de copies que de personnes dont la convocation est demandée. Le ***greffier convoque le défendeur à l'audience*** par lettre recommandée avec demande d'avis de réception, qui comprend en annexe une copie de la déclaration et les pièces qui y sont jointes. Le demandeur est avisé par tous moyens. La convocation du défendeur vaut citation (CPC, art. 844) et peut être effectuée sous la forme d'une « convocation à double niveau », c'est-à-dire à une date à fin de conciliation devant le conciliateur de justice et, à défaut de jugement devant le tribunal d'instance à une autre date qui est indiquée. Cette pratique a moins d'intérêt depuis que la loi *J21* du 18 novembre 2016 a prévu que la déclaration au greffe ne sera recevable que si les parties justifient qu'elles ont effectué préalablement une tentative de conciliation devant le conciliateur de justice et que celle-ci a échoué.

b) Le déroulement de l'instance

Le déroulement de l'instance se réalise en deux phases :

- le juge, ou le conciliateur de justice auquel il délègue sa mission, s'efforce de concilier les parties. Les modalités de la conciliation déléguée sont définies par les articles 129-1 et suivants du Code de procédure civile ;
- à défaut de conciliation constatée à l'audience, l'affaire est immédiatement jugée, selon les principes d'oralité de la procédure. Si l'affaire n'est pas en état d'être jugée, elle est renvoyée à une audience ultérieure, et le nouveau régime procédural établi aux articles 446-1 et suivants est applicable.

Le Code de procédure civile a organisé deux types de mise en état, intellectuelle et substantielle.

La ***mise en état intellectuelle*** résulte de l'article 446-3 du Code de procédure civile, qui confère au juge d'instance des pouvoirs d'instruction renforcés. Le juge peut inviter, à tout moment, les parties à fournir les explications de fait et de droit qu'il estime nécessaires à la solution du litige et les ***mettre en demeure de produire*** dans le délai qu'il détermine tous les documents ou justifications propres à l'éclairer, faute de quoi il peut passer outre et statuer en tirant toute conséquence de l'abstention de la partie ou de son refus. Le juge d'instance peut toujours ordonner une mesure d'instruction (une expertise ou une consultation, par exemple), s'il a besoin des lumières d'un technicien pour être éclairé sur une question de fait.

La ***mise en état substantielle résulte de la possibilité d'organiser des échanges écrits entre les parties***, prévue par l'article 446-2 du CPC, soit sous la forme de renvois à des audiences successives, les parties étant tenues d'accomplir des charges (communiquer les pièces par exemple) déterminées, soit sous la forme d'un véritable ***calendrier de la procédure*** (les modalités et les délais des échanges sont fixés avec l'avis des parties). Des sanctions sont prévues :

- d'une part, à défaut pour les parties de respecter les modalités de communication fixées par le juge, celui-ci peut rappeler l'affaire à l'audience, en vue de la juger ou de la radier ;
- d'autre part, le juge peut écarter des débats les prétentions, moyens et pièces communiqués sans motif légitime après la date fixée pour les échanges et dont la tardiveté porte atteinte aux droits de la défense ;
- enfin, une 3e sanction originale est prévue, mais son application suppose l'accord des parties. En effet, lorsque les parties formulent leurs prétentions et moyens par écrit, le juge peut, avec leur accord, prévoir qu'elles seront réputées avoir abandonné les prétentions et moyens non repris dans leurs dernières écritures communiquées.

L'organisation des échanges écrits, sous forme de renvoi à une audience ultérieure ou d'un calendrier de procédure, ne dispense pas les parties de comparaître en personne ou par représentant habilité. Mais, afin de prendre en compte les difficultés pratiques, une dispense de se présenter en personne est prévue par l'article 847-1 du Code de procédure civile, sur autorisation du juge : le juge organise alors les échanges entre les parties par lettre RAR ou par notification entre avocats, et il en est justifié auprès du tribunal.

Lorsque toutes les parties sont ***assistées ou représentées par un avocat***, le juge d'instance peut mettre en place une mise en état écrite, les conclusions étant remises au greffe et notifiées entre avocats dans les délais fixés par le juge. Les sanctions prévues à l'article 446-2 du CPC sont applicables.

Lorsque l'affaire est en état, l'instance peut s'achever par une audience et un délibéré.

L'audience se déroule conformément au droit commun des articles 430 et suivants du Code de procédure civile. Les débats sont publics, sous réserve des cas dans lesquels la loi impose ou autorise la forme de la chambre du conseil (CPC, art. 433 et s.), « hors la présence du public ». Le juge dirige les débats ; le demandeur puis le défendeur sont invités à exposer leurs prétentions (CPC, art. 440 : dans le cadre de plaidoiries dites « interactives », les parties sont plutôt conduites à répondre successivement aux questions du juge). L'avocat de la partie ne peut pas se contenter de déposer son dossier sans plaider oralement, si le président lui demande des explications (CPC, art. 440 et 446-3 : le président dirige les débats et peut demander les explications de fait et de droit qu'il estime nécessaires). Le Ministère public partie jointe a la parole le dernier (CPC, art. 443). Quand le juge s'estime éclairé, il fait cesser les observations des parties, et ordonne la clôture des débats. S'il ne rend pas son jugement sur le siège, le juge met l'affaire en délibéré, ce qui interdit aux parties de déposer ultérieurement toute « note en délibéré » (CPC, art. 445), et indique la date à laquelle le jugement sera prononcé, par mise à disposition au greffe de la juridiction (CPC, art. 450).

Les débats peuvent être réouverts, à la demande du juge, s'il estime que les parties doivent lui fournir des explications de fait ou de droit nécessaires (CPC, art. 442). La réouverture est obligatoire si les parties n'ont pas été à même de s'expliquer contradictoirement sur les éclaircissements de fait ou de droit qui leur avaient été demandés (CPC, art. 444).

Le délibéré peut être prorogé : le juge peut renvoyer le prononcé du jugement à une date ultérieure, en avisant les parties avec les motifs de la prorogation ainsi que la nouvelle date à laquelle le jugement sera rendu.

Le cas particulier de la demande incidente de délai de paiement. Sans préjudice des dispositions de l'article 68, la demande incidente tendant à l'octroi d'un délai de paiement en application de l'article 1244-1 du Code civil peut être formée par courrier remis ou adressé au greffe. Les pièces que la partie souhaite invoquer à l'appui de sa demande sont jointes à son courrier. La demande est communiquée aux autres parties, à l'audience, par le juge, sauf la faculté pour ce dernier de la leur faire notifier par le greffier, accompagnée des pièces jointes, par lettre recommandée avec demande d'avis de réception (CPC, art. 847-2).

2 Procédure devant le tribunal de commerce

Seule la procédure ordinaire est réglementée par le CPC. Les procédures spéciales, comme les procédures de sauvegarde, de redressement et de liquidation judiciaires, obéissent à des dispositions non intégrées dans le code (C. com., art. L. 620-1 et R. 621-1) et ne sont pas envisagées dans cet ouvrage.

■ *L'introduction de l'instance*

En principe, la demande se fait par une ***assignation*** contenant les mentions communes à toute demande (la requête conjointe et la présentation volontaire des parties devant le juge sont des modalités peu utilisées). Elle indique la date de l'audience ainsi que les modalités de la représentation : les parties se défendent elles-mêmes, et ont la possibilité de se faire assister ou représenter par toute personne de leur choix (avocat ou non). L'huissier de justice la signifie au défendeur 15 jours au moins avant la date de l'audience.

La saisine du tribunal résulte de la remise d'une copie de l'assignation au greffe, par l'une des parties, au plus tard 8 jours avant la date de l'audience. À défaut, l'assignation est frappée de caducité, constatée d'office par ordonnance du président ou du juge rapporteur ou à la requête d'une partie. L'affaire est inscrite sur le répertoire général et le dossier est ouvert par le greffe, qui est tenu par voie électronique (CPC, art. 729-1).

■ *Le déroulement de l'instance*

Au jour fixé, le tribunal de commerce envisage l'issue de l'affaire. Plusieurs situations sont prévues.

a) La tentative de conciliation

Deux situations :

- ***si une conciliation entre les parties apparaît envisageable***, la formation de jugement peut, avec l'accord des parties, désigner un conciliateur de justice à cette fin. Cette désignation peut revêtir la forme d'une simple mention au dossier (CPC, art. 860-2). Le processus de conciliation se déroule conformément aux dispositions des articles 129-1 et suivants du Code de procédure civile. En cas de conciliation, le tribunal de commerce peut homologuer le constat pour lui conférer la force exécutoire, et mettre fin à l'instance. Le juge chargé d'instruire l'affaire peut également désigner un conciliateur de justice dans les mêmes conditions (CPC, art. 863). La formation de jugement, ou l'un des juges du tribunal de commerce, peut procéder lui-même à une tentative de conciliation puisqu'il entre dans la mission du juge de concilier les parties (CPC, art. 21) : la conciliation se déroule en chambre du conseil, la teneur de l'accord est consignée dans un procès-verbal signé par les parties et le juge (CPC, art. 130), et des extraits sont délivrés qui valent titre exécutoire (CPC, art. 131) ;

- ***si une conciliation n'est pas envisageable, et si l'affaire est en état d'être jugée, elle peut être plaidée immédiatement.*** La procédure est orale (CPC, art. 860-1). Cela signifie que le demandeur peut présenter des moyens de fait et de droit qu'il n'aurait pas développés dans son assignation, et que le défendeur peut présenter oralement tous les moyens de droit et de fait qu'il estime opportuns. Le caractère oral de la procédure n'empêche pas la rédaction de conclusions écrites : mais il impose la présence physique, lors de l'audience, du plaideur lui-même ou de son représentant, ce qui permet alors de faire référence aux prétentions qui auraient été formulées par écrit (CPC, art. 446-1). À l'issue des débats, qui obéissent aux règles générales (CPC, art. 430 et s., parole donnée au demandeur, puis au défendeur, sauf audiences interactives, le Ministère public partie jointe prenant la parole le dernier, audience publique sauf exceptions...), le tribunal peut rendre un jugement sur le champ, ou mettre l'affaire en délibéré pour une date que le président indique (CPC, art. 450).

b) La mise en état de l'affaire

Si l'affaire doit être mise en état, son instruction est réalisée soit par le tribunal lui-même, soit par le juge chargé d'instruire l'affaire, qui est un juge de la formation de jugement désigné à cet effet. La formation de jugement ou le juge chargé d'instruire l'affaire peut en conséquence :

- ***effectuer une mise en état intellectuelle***, par application de l'article 446-3 du Code de procédure civile. Le tribunal peut inviter, à tout moment, les parties à fournir les explications de fait et de droit qu'il estime nécessaires à la solution du litige et les mettre en demeure de produire dans le délai qu'il détermine tous les documents ou justifications propres à l'éclairer, faute de quoi il peut passer outre et statuer en tirant toute conséquence de l'abstention de la partie ou de son refus ;
- ***organiser une mise en état substantielle***, conformément au droit commun des articles 446-1 et s. du Code de procédure civile. La formation collégiale (ou le juge chargé d'instruire l'affaire ; CPC, art. 861-3) peut organiser le cas échéant **les échanges entre les parties comparantes** dans les conditions et sous les sanctions prévues à l'article 446-2 (CPC, art. 861-3), dès la première audience. Elle peut ainsi fixer les diligences attendues au fur et à mesure, par renvoi à des audiences successives ; ou encore définir un calendrier des échanges, en précisant les

modalités et les délais et en fixant toutes les audiences successives, avec l'accord des parties. Les sanctions prévues à l'article 446-2, du CPC sont applicables. Les parties peuvent accepter le principe des conclusions récapitulatives. Une dispense de se présenter en personne est prévue par l'article 861-1 du CPC pour le tribunal de commerce, sur autorisation du juge ; dans ce cas, les échanges se font par lettre RAR ou notification entre avocats et il faut en justifier auprès du tribunal. Si toutes les parties sont ***assistées ou représentées par avocat***, la formation collégiale ou le juge chargé d'instruire l'affaire peut avec l'avis des avocats, prévoir le calendrier des échanges de conclusions (CPC, art. 446-2).

c) L'audience

À l'issue de l'instruction, si un juge chargé d'instruire l'affaire a été désigné, ce dernier renvoie l'affaire devant le tribunal, sans rendre d'ordonnance de clôture, pour que l'affaire soit plaidée. À défaut, c'est la formation de jugement qui renvoie l'affaire à une prochaine audience pour plaidoiries.

L'audience des plaidoiries se déroule devant la formation de jugement conformément au droit commun, avec publicité des débats. La procédure est orale (la présence en personne des parties ou de leur représentant est donc imposée). Un rapport oral peut être fait avant les plaidoiries par le président ou, à sa demande, par un autre juge ou le juge chargé d'instruire l'affaire. Cela suppose que les parties déposent leur dossier 15 jours avant l'audience, pour que le juge puisse en prendre connaissance. Ce rapport expose l'objet de la demande et les moyens des parties, les questions soulevées par le litige et il fait mention des éléments propres à éclairer le débat, sans faire connaître l'avis du juge. Puis, les parties développent leurs prétentions et moyens, ou font référence oralement aux prétentions formulées par écrit. Si l'audience est « interactive », les parties répondent successivement aux questions des juges. Le tribunal peut considérer qu'une audience n'est pas nécessaire : les avocats déposent leur dossier et la formation collégiale délibère au vu des dossiers sans plaidoiries.

Selon la pratique dite du « ***délibéré des parties*** », l'article 871 du CPC permet au juge chargé d'instruire l'affaire de tenir seul l'audience pour entendre les plaidoiries, si les parties ne s'y opposent pas. Puis, le juge en rend compte à la formation de jugement en son délibéré. Le délibéré obéit aux règles de droit commun. Cette méthode est très efficace pour les tribunaux de commerce devant lesquels le flux d'affaires est important.

3 Procédure devant le conseil des prud'hommes

La demande et la saisine du conseil

La procédure devant le conseil des prud'hommes a été entièrement modifiée par la loi n° 2015-990 du 6 août 2015 (C. trav., art. L. 1421-2 et s.), et le décret n° 2016-660 du 20 mai 2016 (C. trav., art. R. 1451-1 et s.). Le livre Ier du Code de procédure civile s'applique également (C. trav., art. R. 1451-1 ; Circ. 27 mai 2016, BOMJ 30 juin).

L'assistance et la représentation des parties ont été modifiées. En principe, les parties se défendent elles-mêmes. Elles ont la faculté de se faire assister ou représenter, sans être tenues de justifier d'un motif légitime (l'oralité dite renforcée est supprimée). Les personnes habilitées à assister ou à représenter les parties sont définies de manière limitative (C. trav., art. R. 1453-2, il s'agit des salariés ou les employeurs appartenant à la même branche d'activité, ***des défenseurs syndicaux*** (C. trav., art. L. 1453-4, les modalités d'établissement des listes, l'exercice et la formation des défenseurs syndicaux intervenant en matière prud'homale ont été précisés par le décret n° 2016-975 du 18 juillet 2016 ; C. trav., art. D. 1453-2-1 et s., le défenseur syndical peut exercer dans le ressort des cours d'appel de la région dans laquelle il est nommé) ; du conjoint, partenaire lié par un pacte civil de solidarité ou concubin et des ***avocats***. L'employeur peut également se faire assister ou représenter par un membre de l'entreprise ou de l'établissement. Le représentant, s'il n'est pas avocat, doit justifier d'un pouvoir spécial. Devant le bureau de conciliation et d'orientation, cet écrit doit l'autoriser à concilier au nom et pour le compte du mandant, et à prendre part aux mesures d'orientation.

La résolution amiable des différends est développée. Le livre V du Code de procédure civile est applicable, et c'est le bureau de conciliation et d'orientation (BCO) qui homologue l'accord issu d'un mode amiable. Quel que soit le stade de la procédure, le BCO ou le bureau de jugement peut désigner un médiateur avec l'accord des parties, ou enjoindre les parties de rencontrer un médiateur pour les informer, puis homologuer l'accord intervenu.

La demande en justice est formée ***soit par une requête, soit par la présentation volontaire des parties devant le bureau de conciliation et d'orientation***. La saisine du conseil de prud'-hommes, même incompétent, interrompt la prescription (C. trav., art. R. 1452-1). La requête est faite, remise ou adressée au greffe du conseil de prud'hommes. À peine de nullité, elle comporte les mentions prescrites à l'article 58 du CPC. En outre, et sans que la nullité soit prévue, elle contient un exposé sommaire des motifs de la demande et mentionne chacun des chefs de celle-ci. Elle est ***accompagnée des pièces*** que le demandeur souhaite invoquer à l'appui de ses prétentions. Ces pièces sont énumérées sur un bordereau qui lui est annexé. La requête et le bordereau sont établis en autant d'exemplaires qu'il existe de défendeurs, outre l'exemplaire destiné à la juridiction.

Le greffe avise par tous moyens le demandeur des lieux, jour et heure de la séance du bureau de conciliation et d'orientation ou de l'audience lorsque le préalable de conciliation ne s'applique pas. Cet avis invite le demandeur à adresser ses pièces au défendeur avant la séance et indique qu'en cas de non-comparution sans motif légitime il pourra être statué en l'état des pièces et moyens contradictoirement communiqués par l'autre partie (C. trav., art. R. 1452-3).

Le greffe convoque le défendeur par lettre recommandée avec demande d'avis de réception dès réception des exemplaires de la requête et du bordereau. La convocation du défendeur devant le bureau de conciliation et d'orientation et, lorsqu'il est directement saisi, devant le bureau de jugement ***vaut citation en justice*** (C. trav., art. R. 1452-5). Lorsque le défendeur est attrait par plusieurs demandeurs, le greffe peut, avec son accord, lui notifier les requêtes et bordereaux par remise contre émargement ou récépissé, le cas échéant en plusieurs fois.

■ *La tentative de conciliation*

Les conseils des prud'hommes règlent par voie de conciliation les différends et les jugent si la conciliation n'aboutit pas. L'instance débute par une tentative obligatoire de conciliation devant le bureau de conciliation et d'orientation (C. trav., art. L. 1235-1, L. 1454-2 et L. 1545-4). Le BCO entend les explications des parties et s'efforce de les concilier. Dans le cadre de cette mission, il peut entendre chacune des parties séparément et dans la confidentialité, comme le fait un médiateur (C. trav., art. L. 1454-1). Un procès-verbal est établi.

En cas de conciliation totale ou partielle, le procès-verbal mentionne la teneur de l'accord intervenu et précise, s'il y a lieu, que l'accord a fait l'objet en tout ou partie d'une exécution immédiate devant le BCO (C. trav., art. R. 1454-10). Un extrait du procès-verbal, qui mentionne s'il y a lieu l'exécution immédiate totale ou partielle de l'accord intervenu, peut être délivré. Il vaut ***titre exécutoire***. En principe, aucun recours n'est ouvert contre le procès-verbal de conciliation. Néanmoins, si l'une des parties justifie qu'elle n'a pas été informée de l'étendue de ses droits, et que le bureau de conciliation n'a pas veillé à ce que cette information soit réalisée, le procès-verbal de conciliation doit être annulé et le conseil de prud'hommes peut être à nouveau saisi ; la Cour de cassation a rappelé que le bureau qui ne vérifie pas que les parties ont été informées de leurs droits respectifs commet un excès de pouvoir, qui rend l'appel recevable et permet l'annulation du PV de conciliation (*Cass. soc., 24 mai 2006 : D. 2007, p. 183, Berthier ; RDT civ. 2006, p. 192, Serverin*). La Cour de cassation juge également que les parties « peuvent toujours saisir la juridiction prud'homale d'une action en contestation d'une transaction, quand bien même elle aurait été constatée dans un procès-verbal dressé par le bureau de conciliation »

(*Cass. soc., 29 sept. 2010, n° 09-42084 et 09-42085*). Le bureau peut proposer une conciliation « forfaitaire » fondée sur un barème (C. trav., art. L. 1235-1, pour le contentieux portant sur les contestations et sanctions des irrégularités du licenciement).

En cas d'échec de la conciliation, le BCO peut, par simple mesure d'administration judiciaire (C. trav., art. L. 1454-1-1), si le litige porte sur un licenciement ou une demande de résiliation judiciaire du contrat de travail, renvoyer les parties, avec leur accord, ***devant le bureau de jugement*** dans sa composition restreinte mentionnée à l'article L. 1423-13 (1 conseiller employeur et 1 conseiller salarié). La formation restreinte doit statuer dans un délai de trois mois. Le BCO peut également envoyer les parties, si elles le demandent ou si la nature du litige le justifie, devant le bureau de jugement mentionné à l'article L. 1423-12 (2 CP'H employeurs et 2 CP'H salariés) présidé par le juge mentionné à l'article L. 1454-2 (un juge départiteur du TGI qui ne peut pas statuer seul, l'art. L. 1454-4 n'étant pas applicable ; ce renvoi permet de prévenir le départage). À défaut, l'affaire est renvoyée devant le bureau de jugement ordinaire (C. trav., art. L. 1423-12). La formation saisie connaît de l'ensemble des demandes des parties, y compris des demandes additionnelles ou reconventionnelles.

Le défaut de comparution à la tentative de conciliation est sanctionné.

- ***si le demandeur ne comparaît pas*** ou n'est pas représenté sans motif légitime, ***le BCO peut juger l'affaire en tant que bureau de jugement***, en l'état des pièces et moyens que la partie comparante a contradictoirement communiqués, sauf à renvoyer à une audience ultérieure du bureau de jugement (C. trav., art. R. 1454-12). Le BCO peut déclarer la requête et la citation caduques si le défendeur ne sollicite pas un jugement sur le fond. La caducité peut être rapportée si le demandeur justifie d'un motif légitime dans les 15 jours ; il est alors avisé par tous moyens de la date de la séance devant le BCO ;
- ***si le défendeur ne comparaît pas*** ou n'est pas représenté sans motif légitime, le BCO peut juger l'affaire en tant que bureau de jugement, en l'état des pièces et moyens que la partie comparante a contradictoirement communiqués (C. trav., art. R. 1454-13 ; il peut renvoyer à une audience devant le bureau de jugement pour s'assurer de la communication des pièces et moyens au défendeur).

Le BCO peut prendre des mesures provisoires (C. trav., art. R. 1454-14) en audience publique : délivrance de pièces par l'employeur (certificat de travail, bulletin de paye...), le cas échéant sous astreinte ; versement de provisions (salaires, accessoires, indemnités de congés payés, de préavis ou de licenciement...) qui ne peuvent pas excéder 6 mois de salaires, dans le cas où l'obligation n'est pas sérieusement contestable ; mesures d'instruction ; mesures nécessaires à la conservation des preuves ou objets litigieux.

Les ***ordonnances qui prescrivent ces mesures sont provisoires*** (elles peuvent être modifiées par le bureau) et n'ont pas autorité de chose jugée au principal (le bureau de jugement, auquel l'affaire est renvoyée dans sa composition restreinte, art. R. 1454-17, n'est pas lié pas les mesures prises).

Les ordonnances sont ***exécutoires par provision***, même sur minute (sans notification préalable). Les recours sont soumis à des conditions restrictives pour une meilleure effectivité des ordonnances (C. trav., art. R. 1415-16) : l'opposition n'est pas ouverte, l'appel ou le pourvoi en cassation n'est possible qu'avec le jugement sur le fond (sauf en cas d'expertise). L'appel nullité ou le pourvoi nullité est immédiatement ouvert, selon la jurisprudence, lorsque le bureau de conciliation a commis un excès de pouvoir (s'est arrogé des pouvoirs que la loi ne lui confère pas ; par ex. a alloué une provision pour un montant supérieur à 6 mois de salaire : *Cass. soc., 29 janv. 1981 : Bull. civ. V, n° 91 ; RTD civ. 1982, p. 207, Perrot*).

■ *Le jugement*

a) L'instruction

En cas d'échec de la conciliation, le ***BCO assure la mise en état ou instruction de l'affaire*** jusqu'à la date qu'il fixe pour l'audience de jugement, et peut tenir des audiences à cette fin (C. trav., art. L. 1454-1-2 et R. 1454-1). Un conseiller rapporteur peut être désigné pour procéder à l'instruction (il peut faire partie ensuite de la formation de jugement), avec les mêmes pouvoirs de mise en état que le BCO. Si l'affaire est portée directement devant le ***bureau de jugement***, ou si, sur renvoi du BCO, l'affaire n'est pas en état, le bureau de jugement peut assurer lui-même la mise en état et désigner en son sein un ou deux conseillers rapporteurs (C. trav., art. R. 1454-19 et R. 1454-19-1). Le bureau de conciliation et d'orientation, les conseillers rapporteurs désignés par le bureau de conciliation et d'orientation ou le bureau de jugement peuvent ***fixer la clôture de l'instruction par ordonnance***, dont copie est remise aux parties ou à leur conseil. Cette ordonnance constitue une mesure d'administration judiciaire (C. trav., art. L. 1454-1-2). ***Après l'ordonnance de clôture***, aucune conclusion ne peut être déposée ni aucune pièce produite aux débats, à peine d'irrecevabilité prononcée d'office. Sont cependant recevables les demandes en intervention volontaire, les conclusions relatives aux rémunérations échues postérieurement à l'ordonnance de clôture, si leur décompte ne peut faire l'objet d'aucune contestation sérieuse, ainsi que les demandes de révocation de l'ordonnance de clôture. Sont également recevables les conclusions qui tendent à la reprise de l'instance en l'état où celle-ci se trouvait au moment de son interruption (C. trav., art. R. 1454-19-3). ***L'ordonnance de clôture ne peut être révoquée*** par le bureau de jugement, d'office ou à la demande des parties et après l'ouverture des débats, que s'il se révèle une cause grave depuis qu'elle a été rendue ; le choix par la partie d'une personne pour l'assister ou la représenter postérieurement à la clôture ne constitue pas, en soi, une cause de révocation. Si une demande en intervention volontaire est formée après la clôture de l'instruction, l'ordonnance de clôture n'est révoquée que si le bureau de jugement ne peut immédiatement statuer sur le tout.

Le BCO (ou le bureau de jugement) ***organise la mise en état*** avec d'importants pouvoirs de sanction des parties ou avocats qui ne respectent pas les modalités prévues et les délais fixés (C. trav., art. L. 1454-1-2 et R. 1454-1 et 2). Le BCO fixe les délais et les conditions de communication des prétentions, moyens et pièces. Il peut entendre les parties et les inviter à fournir les explications nécessaires à la solution du litige ainsi que les mettre en demeure de produire dans le délai qu'il détermine tous documents ou justifications propres à éclairer le conseil de prud'hommes. À défaut pour les parties de respecter les modalités de communication, le BCO peut radier l'affaire ou la renvoyer à la 1re date utile devant le bureau de jugement. En cas de non-production des documents et justifications demandés, il peut renvoyer l'affaire à la première date utile devant le bureau de jugement, qui tire toute conséquence de l'abstention de la partie ou de son refus. Le bureau de jugement peut écarter des débats, les prétentions, moyens et pièces communiqués sans motif légitime après la date fixée pour les échanges et dont la tardiveté porte atteinte aux droits de la défense (C. trav., art. R. 1454-19) ; sa décision devra être motivée sur ce point, mais il ne sera pas statué sur les prétentions tardives.

Le BCO (ou le bureau de jugement) peut ***dispenser une partie*** qui en fait la demande de se présenter à une séance ultérieure. Dans ce cas, la communication entre les parties est faite par lettre recommandée avec demande d'avis de réception ou par notification entre avocats et il en est justifié auprès du BCO dans les délais impartis.

b) L'audience devant le bureau de jugement

1) L'hypothèse d'un défaut de comparution

Si le défendeur ne comparaît pas, un jugement au fond est rendu par défaut ou réputé contradictoire. Si le défendeur a fourni un motif de non-comparution en temps utile, il peut y avoir un renvoi à une audience ultérieure, il est alors avisé par tous moyens de la prochaine audience du bureau de jugement (C. trav., art. R. 1454-20). ***Si le demandeur ne comparaît pas***, sans motif légitime, le bureau de jugement statue au fond par un jugement contradictoire, à la demande du défendeur. Il peut déclarer la citation caduque : le demandeur a 15 jours pour justifier d'un motif légitime, obtenir le rabat de la déclaration de caducité et le renvoi à une audience ultérieure. Il est avisé par tous moyens de la date d'audience devant le bureau de jugement, à laquelle le défendeur est convoqué par lettre recommandée avec demande d'accusé de réception (C. trav., art. R. 1454-21). À défaut de renvoi, le demandeur ne peut renouveler sa demande qu'une seule fois devant le bureau de jugement.

2) L'hypothèse d'une comparution

L'audience devant le bureau de jugement est soumise aux principes de publicité et d'***oralité de la procédure*** qui suppose la présence en personne des parties ou de leur représentant. Les prétentions et moyens sont alors présentés oralement et notés au dossier ou consignés au procès-verbal. Les parties peuvent faire référence à leurs écritures. En revanche, lorsque toutes les parties comparantes ***formulent leurs prétentions par écrit*** et sont assistées ou représentées par ***un avocat***, elles peuvent être dispensées de présence physique à l'audience, et le juge statue sur les prétentions et moyens contenus dans le ***dispositif des conclusions récapitulatives*** : le passage à cette procédure « quasi-écrite » peut être décidé par le BCO (C. trav., art. R. 1454-1 et R. 1453-5) ou le bureau de jugement (C. trav., art. R. 1454-19-2) à la condition que toutes les parties soient toutes assistées ou représentées par avocat. Si les parties sont représentées par un défenseur syndical ou se défendent elles-mêmes, elles peuvent néanmoins être contraintes par le BCO ou le bureau de jugement, après avoir donné leur avis, à communiquer leurs prétentions et moyens par écrit, qu'elles échangent par lettre RAR (C. trav., art. R. 1454-1, R. 1454-2 et R. 1454-19-2 ; ce sera nécessairement le cas si elles demandent une dispense de présence à l'audience ; mais les récapitulatives ne sont pas applicables).

Lorsque toutes les parties comparantes ***formulent leurs prétentions par écrit et sont assistées ou représentées par un avocat***, elles sont tenues, ***dans leurs conclusions écrites***, de formuler expressément les prétentions ainsi que les moyens en fait et en droit sur lesquels chacune de ces prétentions est fondée avec indication pour chaque prétention des pièces invoquées. Un bordereau énumérant les pièces justifiant ces prétentions est annexé aux conclusions. Les prétentions sont récapitulées sous forme de dispositif.

Le bureau de jugement ne statue que sur les prétentions énoncées au dispositif. Les parties doivent reprendre dans leurs dernières conclusions les prétentions et moyens présentés ou invoqués dans leurs conclusions antérieures. À défaut, elles sont réputées les avoir abandonnés et il n'est statué que sur les dernières conclusions communiquées (C. trav., art. R. 1453-5). Ces règles ne s'appliquent pas lorsque les parties se défendent elles-mêmes ou sont représentées par un défenseur syndical. Si une partie constitue un avocat en cours d'instance, le juge doit lui laisser un délai raisonnable pour se mettre en conformité avec les règles de structuration des écritures. La règle de ***l'unicité de l'instance***, qui imposait une concentration des demandes inhérentes au contrat de travail, a été abrogée. Si, lors du délibéré, les juges ne parviennent pas à prendre une décision en raison d'un partage égal des voix, l'affaire est renvoyée à une ***audience de départage*** présidée par le juge du TGI chargé de cette fonction qui est « juge départiteur ». Cette audience doit en principe être tenue dans le mois du renvoi devant la formation (BCO, bureau de jugement) qui n'a pas pu délibérer. La formation de départage statue à nouveau sur les éléments de fait et de droit du litige. Le juge départiteur indique aux parties la date à laquelle le jugement est prononcé ou mis à disposition au greffe. Le président avise les parties d'une prorogation éventuelle et de la nouvelle date de mise à disposition.

4 Procédure devant le tribunal paritaire de baux ruraux

L'introduction de l'instance : la demande est formée et le tribunal saisi par déclaration faite, remise ou adressée au greffe ou par acte d'huissier adressé au greffe. Ce dernier ouvre un dossier et inscrit l'affaire au répertoire général.

Le déroulement de l'instance obéit aux règles applicables au tribunal d'instance, avec quelques nuances. Le secrétaire convoque les parties à l'audience, 15 jours avant. À l'audience, le juge procède à une tentative de conciliation. Depuis le décret du 1er octobre 2010, le juge peut déléguer cette tentative de conciliation à un conciliateur de justice. S'il y a conciliation par le juge, un procès-verbal est dressé, dont les extraits valent titre exécutoire. S'il y a conciliation par un conciliateur, un constat d'accord est signé qui peut être homologué par le juge pour avoir force exécutoire. En conciliation, les parties sont tenues de comparaître en personne, sauf motif légitime.

À défaut de conciliation, ou en cas de non-comparution d'une partie (les parties doivent comparaître en personne, sauf motif légitime de comparaître par un représentant qualifié par la loi), l'affaire est renvoyée pour être jugée à une autre audience.

Les débats se déroulent conformément au droit commun, publiquement et contradictoirement. La procédure est orale. Le tribunal instruit l'affaire, procède aux mesures d'instruction, invite les parties à fournir des explications ou à produire tous documents ou justifications. La clôture des débats, le délibéré et le prononcé du jugement sont soumis au droit commun. Les décisions sont notifiées aux parties elles-mêmes par le greffier par lettre RAR.

Il est proposé de supprimer les sections agricoles des TASS et de regrouper 44 tribunaux traitant moins de 500 affaires par an, afin de remédier à certains dysfonctionnements et de résorber la lenteur des procédures.

Les procédures spéciales

Chapitre 9

Le déroulement de l'instance est parfois aménagé, parce qu'il s'agit de sanctionner un défaut de comparution, de trouver une solution rapide pour répondre à l'urgence, ou de prendre en compte la nature gracieuse de la demande.

1 La procédure par défaut

Le défaut de comparution de l'une des parties affecte le caractère contradictoire de la procédure, mais ne doit pas empêcher le prononcé du jugement. Il est sanctionné différemment selon qu'il provient du demandeur ou du défendeur.

■ *Le défaut du demandeur*

a) Définition

Devant le tribunal de grande instance, le demandeur comparaît en constituant avocat dans l'assignation (ou dans sa déclaration d'appel devant la cour d'appel). Le défaut de constitution est sanctionné par la nullité de l'assignation (ou de la déclaration d'appel ; CPC, art. 901) : la procédure s'éteint par voie de conséquence, sans qu'il y ait prononcé d'un jugement par défaut. Devant les juridictions d'exception, comparaître signifie se présenter en personne ou par mandataire habilité aux audiences devant le juge : un défaut de comparution du demandeur est possible, que le plaideur ait renoncé au procès ou qu'il ait été empêché de se présenter.

b) Procédure

Deux situations peuvent se présenter :

– si le demandeur fait parvenir au juge un motif légitime de non-comparution, et sollicite le renvoi à une audience ultérieure, la procédure se déroulera de façon contradictoire ;

– si le demandeur ne comparaît pas sans motif légitime, le défendeur peut demander au juge de rendre un jugement sur le fond. Le juge peut renvoyer l'affaire à une audience ultérieure, pour permettre au demandeur de comparaître. Le jugement rendu est dit contradictoire (le demandeur n'aura pas la faculté de former opposition).

Le juge peut aussi déclarer la citation caduque, d'office ou à la demande du défendeur (la caducité entraîne l'anéantissement rétroactif de la citation et l'extinction de l'instance). Le demandeur peut renouveler sa demande, si le droit d'agir n'est pas prescrit dans l'intervalle. Il a 15 jours pour faire connaître au greffe le motif légitime qu'il n'a pas pu invoquer en temps utile ; la déclaration de caducité est alors rapportée et les parties convoquées à une audience ultérieure.

■ *Le défaut du défendeur*

a) Domaine

Le défendeur peut être défaillant, soit en ne constituant pas avocat devant le tribunal de grande instance ou la cour d'appel (ou défenseur syndical devant la chambre sociale), soit en ne se présentant pas devant le juge à la première audience fixée, en personne ou par mandataire habilité s'il s'agit d'un procès devant une juridiction d'exception.

b) Particularités procédurales

Une nouvelle citation du défendeur peut être décidée par le juge, même d'office, si l'acte n'a pas été remis en mains propres (à personne), soit dans les mêmes formes que la citation initiale, soit par une signification par huissier de justice. Ceci permet au défendeur d'être informé des conséquences de son abstention et de comparaître.

Il peut être statué sur le fond. Le juge doit apprécier la régularité de la demande, sa recevabilité et son bien-fondé, au vu des éléments dont il dispose. Sa décision doit être motivée et ne peut pas condamner le défendeur en se fondant sur le fait que l'absence de ce dernier laisse présumer qu'il n'a pas d'argument sérieux.

Le jugement ainsi rendu est diversement qualifié :

– il s'agit d'un jugement « *par défaut* » si la décision est rendue en dernier ressort (le litige est inférieur au taux du ressort) et si la citation n'a pas été délivrée à personne (l'huissier de justice n'a pas remis l'acte en mains propres, ou l'avis de réception de la lettre recommandée n'a pas été signé par le destinataire lui-même). En cas de pluralité de défendeurs cités pour le même objet, le jugement rendu est par défaut lorsque la décision n'est pas susceptible d'appel et que l'une au moins des parties qui n'a pas comparu n'a pas été citée à personne (CPC, art. 474) ;

– il s'agit d'un jugement ***« réputé contradictoire »*** s'il est rendu en premier ressort (un appel est ouvert au défaillant) ou si la citation a été délivrée à personne (le défaut de comparution n'est pas excusable, puisque le défendeur connaissait l'existence de la procédure, et le défendeur défaillant est privé de l'opposition).

Les conséquences procédurales de ces qualifications sont doubles :

– une voie de recours spécifique, ***l'opposition***, permet au défendeur défaillant d'attaquer le jugement par défaut, en remettant en question devant le même juge les points jugés pour qu'il soit à nouveau statué en fait et en droit (le jugement réputé contradictoire n'ouvre pas d'opposition). L'appel est ouvert si le litige excède le taux du ressort, et que le jugement est « réputé contradictoire au seul motif qu'il est susceptible d'appel » ;

– le jugement par défaut et le jugement réputé contradictoire au seul motif qu'il est susceptible d'appel doivent être notifiés dans les six mois de leur date, à peine ***d'être non avenus***. La procédure doit être reprise après réitération de la citation primitive pour obtenir un nouveau jugement. Mais l'assignation initiale conserve son effet interruptif de la prescription.

2 La procédure de référé

Le référé est une procédure contradictoire qui conduit au prononcé d'une ordonnance provisoire, dans les cas où la loi confère à un juge qui n'est pas saisi du principal le pouvoir d'ordonner immédiatement les mesures nécessaires. Il s'agit d'une procédure rapide et simple, qui se déroule devant un juge unique. Le référé doit être distingué des procédures « en la forme des référés », qui permettent à un juge du fond de statuer rapidement mais qui ne relèvent pas du régime du référé (par ex., CPC, art. 1137, pour le juge aux affaires familiales qui statue avec les pouvoirs d'un juge du fond, non ceux du juge des référés plus limités).

■ *Les pouvoirs du juge des référés*

Chaque juridiction du premier degré dispose d'une juridiction des référés, tenue par son président ou un juge délégué (sauf devant le conseil des prud'hommes, où la formation des référés comprend 2 juges). La compétence du juge des référés est définie par la compétence d'attribution de la juridiction dont il émane : le juge des référés du tribunal de commerce ne peut ordonner une mesure que dans les matières qui relèvent de la compétence de ce tribunal. L'incompétence du juge des référés est réglée conformément au droit commun, par un incident de compétence (relevé d'office ou sous la forme d'une exception d'incompétence).

Dans le cadre de cette compétence d'attribution, chaque juge des référés a reçu de la loi des pouvoirs bien définis (ordonner une mesure urgente, le versement d'une provision). Toute demande qui excède les pouvoirs du juge des référés doit être déclarée irrecevable. Il s'agit d'une fin de non-recevoir (CPC, art. 122 et s.), et non d'une exception d'incompétence.

a) Les mesures dictées par l'urgence

Dans tous les cas d'urgence, le juge des référés peut ordonner toutes les mesures qui ne se heurtent à aucune contestation sérieuse ou que justifie l'existence d'un différend. L'urgence est une question de fait que le juge apprécie souverainement à la date du prononcé de sa décision. On la retrouve chaque fois qu'une réponse judiciaire est nécessaire pour empêcher la réalisation ou l'aggravation d'un préjudice qui serait irrémédiable.

La mesure ne peut être prise qu'en ***l'absence de contestation sérieuse***. Dès lors que l'adversaire peut contester la réalité ou la régularité de l'obligation avec des moyens sérieux de fait ou de droit, la demande en référé est irrecevable (seul le juge du fond peut apprécier ces éléments).

L'existence d'un différend et l'urgence peuvent justifier une mesure en référé, même s'il existe une contestation sérieuse : le juge des référés ordonne une mesure conservatoire, pour éviter que la situation devienne irrémédiable.

b) Les mesures conservatoires ou de remise en état

Tout juge des référés peut prescrire une mesure conservatoire (donner une autorisation, suspendre la réalisation d'une opération...) ou de remise en état (injonction au propriétaire des lieux de rétablir l'eau), même en présence d'une contestation sérieuse, pour prévenir un dommage imminent, ou pour faire cesser un trouble manifestement illicite (occupation sans droit ni titre d'un immeuble). La Cour de cassation contrôle la motivation du jugement en ce qui concerne le caractère « manifestement illicite » du trouble.

c) La provision sur une obligation non sérieusement contestable

Le juge des référés peut accorder une provision sur une obligation non sérieusement contestable, qui constitue une sorte d'« avance » sur la condamnation définitivement prononcée par le juge du fond. L'octroi de la provision est subordonné à une absence de contestation importante portant sur des éléments de fait ou de droit (par ex. les clauses du contrat invoquées sont imprécises, la non-conformité de la marchandise vendue n'est pas établie...). L'existence d'une contestation sérieuse est appréciée par le juge des référés sous le contrôle de la Cour de cassation. Ce référéprovision connaît un succès considérable, puisqu'il permet d'obtenir satisfaction selon une procédure rapide, avec une ordonnance immédiatement exécutoire (la jurisprudence admet que la provision peut atteindre 100 % du montant de la créance). Pour la Cour de cassation, le juge des référés qui a ordonné une provision ne peut plus ultérieurement siéger au fond, parce qu'il a déjà apprécié les faits et que son impartialité fonctionnelle, objective, n'est plus garantie.

d) L'astreinte

Tout juge des référés peut assortir sa décision d'une astreinte, pour assurer l'exécution des condamnations qu'il prononce. Il peut liquider l'astreinte, à titre provisoire, à condition qu'il se soit réservé ce pouvoir dans son ordonnance (à défaut, c'est le juge de l'exécution qui liquide).

e) Les dépens et autres frais

Le juge des référés statue sur les dépens de l'instance en référé et peut même prononcer une condamnation sur le fondement de l'article 700 du Code de procédure civile au titre des frais irrépétibles (sommes non comprises dans les dépens, comme les honoraires de l'avocat). La jurisprudence admet qu'il a le pouvoir de condamner une partie à des dommages et intérêts pour abus du droit d'agir, si l'abus concerne la procédure de référé.

f) En appel

Le Premier président de la cour d'appel dispose de pouvoirs spécifiques en référé. Dans tous les cas d'urgence, il peut ordonner toutes les mesures qui ne se heurtent à aucune contestation sérieuse ou que justifie l'existence d'un différend. Il peut également suspendre l'exécution des jugements improprement qualifiés en dernier ressort, ou exercer les pouvoirs qui lui sont conférés en matière d'exécution provisoire du jugement frappé d'appel. Ainsi, il peut arrêter l'exécution provisoire ordonnée par le 1er juge si elle risque d'entraîner des conséquences manifestement excessives. Lorsque l'exécution est de droit à titre provisoire, le Premier président peut aussi arrêter l'exécution si le 1er juge a violé de façon manifeste le principe du contradictoire ou l'article 12 du Code de procédure civile (par ex. a statué en équité et non en droit) et lorsque l'exécution risque d'entraîner des conséquences manifestement excessives.

g) Le référé probatoire

L'article 145 du Code de procédure civile permet à toute personne de saisir le juge des référés avant tout procès pour obtenir le prononcé d'une mesure d'instruction légalement admissible (expertise, constat). Elle doit démontrer qu'il existe un motif légitime de conserver ou d'établir la preuve de faits dont pourrait dépendre la solution d'un litige. Le juge ne peut prescrire qu'une mesure limitée, adaptée à la situation qu'il convient de prouver (et non permettre une mesure d'investigation généralisée sur le fonctionnement d'une société commerciale par ex.). Lorsque la demande en référé porte sur une mesure d'instruction exécutée par un technicien ou sur une mesure d'expertise, le défendeur qui a indiqué, avant l'audience, acquiescer à la demande, est dispensé de comparaître. Néanmoins, le juge a toujours la faculté d'ordonner qu'il soit présent devant lui. La décision rendue dans ces conditions est contradictoire.

■ *Le déroulement du référé*

a) L'instance

L'instance est introduite par voie d'assignation à une audience tenue à cet effet, aux jour et heure habituels des référés. L'acte contient les mentions prévues pour les assignations, et indique le jour et l'heure de l'audience. La constitution d'avocat n'est pas obligatoire, même devant le référé du tribunal de grande instance. L'assignation est signifiée au défendeur (la procédure est contradictoire) et déposée au greffe pour les formalités d'enrôlement (la voie électronique est mise en œuvre devant certaines juridictions). Même si elle est formée devant un juge des référés incompétent, elle interrompt la prescription et les délais pour agir (la prescription repart à compter de l'ordonnance de référé).

Si le cas requiert célérité, hypothèse d'une extrême urgence (par ex. interdiction de diffusion d'une émission télévisée portant gravement atteinte à la vie privée), le juge des référés peut autoriser à assigner à heure indiquée, et même un jour férié ou chômé, à une audience.

b) L'audience

À l'audience fixée, le juge s'assure qu'il s'est écoulé un temps suffisant depuis l'assignation pour que le défendeur ait pu préparer sa défense. Les parties comparaissent en personne, ou par représentant dans les conditions prévues pour la représentation devant la juridiction dont le juge des référés est l'émanation. Plusieurs solutions sont prévues :

- le juge a la faculté de renvoyer l'affaire en état de référé devant la formation collégiale de la juridiction, à une audience dont il fixe la date, ce qui suppose que l'affaire est complexe ;
- le juge des référés peut exceptionnellement décider d'instruire l'affaire : il ordonne une mesure d'instruction, et renvoie l'affaire à une nouvelle audience après exécution de la mesure.

À défaut d'instruction, les débats ont lieu publiquement, avec les exceptions de droit commun. La procédure est essentiellement orale, même si des conclusions écrites peuvent être déposées (la représentation par avocat n'est pas obligatoire, mais, devant le juge des référés du TGI, seul un avocat peut représenter une partie si elle souhaite se faire représenter). L'affaire peut être jugée sur-le-champ, ce qui est très rare, ou être mise en délibéré (le prononcé de l'ordonnance ou sa mise à disposition au greffe a lieu à une date indiquée aux parties). Les minutes de l'ordonnance sont conservées au secrétariat de la juridiction.

c) Les passerelles avec le fond

1) Devant le tribunal de grande instance

L'article 811 du CPC prévoit que le président saisi en référé peut renvoyer l'affaire à une audience du tribunal dont il fixe la date pour qu'il soit statué au fond, à la demande des parties et si l'urgence le justifie. En effet, si le juge des référés ne peut pas prendre la mesure sollicitée, ayant constaté qu'il existe une contestation sérieuse, mais qu'une solution urgente est néanmoins nécessaire, la « passerelle » permet au demandeur d'être jugé plus rapidement par le tribunal. L'ordonnance de renvoi du président emporte saisine du tribunal. Il est ensuite procédé selon des dispositions originales :

- si le défendeur a constitué avocat, l'affaire est plaidée sur-le-champ en l'état où elle se trouve, même sur simples conclusions verbales, et même en l'absence du défendeur. Le président peut décider d'une nouvelle audience, pour permettre un ultime échange de pièces ou de conclusions, ou renvoyer l'affaire devant le juge de la mise en état si une instruction est nécessaire ; mais la Cour de cassation a jugé qu'il n'est pas possible de saisir le tribunal de prétentions différentes de celles qui avaient été formulées en référé ;
- si le défendeur n'a pas constitué avocat, l'affaire est renvoyée à l'audience, à moins que le juge n'ordonne la réassignation du plaideur.

2) Devant le tribunal de commerce et devant le tribunal paritaire des baux ruraux

À la demande d'une partie et si l'urgence le justifie, le président saisi en référé peut renvoyer l'affaire à une audience dont il fixe la date pour qu'il soit statué au fond. L'ordonnance emporte saisine du tribunal.

3) Devant le conseil des prud'hommes

Si la formation de référé estime que la demande excède ses pouvoirs et présente une particulière urgence, elle peut, avec l'accord de toutes les parties, renvoyer l'affaire devant le bureau de jugement. Elle procède elle-même à une tentative de conciliation non publique. La notification aux parties de l'ordonnance de référé mentionnant la date de l'audience du bureau de jugement vaut citation en justice.

4) Devant le tribunal d'instance

Le juge saisi en référé peut, à la demande de l'une des parties et si l'urgence le justifie, renvoyer l'affaire à une audience dont il fixe la date pour qu'il soit statué au fond. Il veille à ce que le défendeur dispose d'un temps suffisant pour préparer sa défense. Comme pour le TGI, l'ordonnance emporte saisine du tribunal et dispense des formalités de demande et d'enrôlement (CPC, art. 849-1).

Le régime de l'ordonnance de référé

L'autorité de l'ordonnance présente des caractères originaux :

- elle est provisoire, en ce sens que la décision peut être rapportée ou modifiée par le juge des référés en cas de circonstances nouvelles survenues depuis le prononcé de l'ordonnance ;
- l'autorité de chose jugée n'a pas lieu au principal : cela signifie que le juge du fond, saisi ultérieurement du litige, n'est pas lié par l'ordonnance de référé.

L'ordonnance de référé est exécutoire de droit immédiatement puisqu'elle constitue un titre exécutoire. Le gagnant peut donc recourir à toutes les procédures civiles d'exécution (saisies, mais la saisie immobilière ne pourra pas donner lieu à une vente forcée ; C. civ., art. 2191) à défaut de paiement spontané. Il doit seulement notifier la décision au perdant, par voie de signification ou selon la forme ordinaire, dans les conditions applicables aux décisions rendues par la juridiction dont émane le juge des référés. En cas de nécessité, le juge peut ordonner que l'exécution ait lieu au seul vu de la minute, c'est-à-dire sans notification préalable.

L'exécution est ***réalisée à titre provisoire*** : elle peut donner lieu à restitution si le juge du fond prend une décision contraire, si le juge des référés modifie son ordonnance en raison de circonstances nouvelles, ou si le perdant fait appel de l'ordonnance et que la cour d'appel infirme la décision. Dans ce dernier cas, la Cour de cassation juge que celui qui avait exécuté l'ordonnance de référé infirmée peut obtenir de son adversaire des dommages et intérêts pour séparer le préjudice subi, sur le fondement de l'article L. 111-10 du Code des procédures civiles d'exécution. Pour éviter tout risque ultérieur d'insolvabilité de son adversaire, le perdant peut obtenir du juge des référés qu'il subordonne l'exécution de son ordonnance à la constitution d'une garantie : le gagnant doit fournir une sûreté personnelle ou réelle suffisante pour répondre de toutes restitutions ou réparations, et peut être obligé de consigner une somme d'argent à la Caisse des dépôts et consignations. En cas d'appel formé contre l'ordonnance de référé, le Premier président de la cour d'appel peut arrêter l'exécution provisoire de droit : la partie condamnée doit prouver un cas de violation manifeste du principe du contradictoire ou de l'article 12 du CPC par le juge, et le fait que l'exécution risque d'entraîner pour lui des conséquences manifestement excessives (CPC, art. 524).

Des voies de recours sont ouvertes :

- si l'ordonnance est rendue ***par défaut*** et en dernier ressort, l'opposition permet au défendeur défaillant, dans les quinze jours à compter de la notification, de saisir le même juge des référés pour qu'il rétracte sa décision ;
- si l'ordonnance est rendue ***en premier ressort***, en raison du montant ou de l'objet de la demande, ***un appel*** peut être formé dans les quinze jours à compter de la notification (sauf si l'ordonnance a été rendue par le Premier président de la cour d'appel). Selon l'article 905, du Code de procédure civile, le Président de la chambre saisie, d'office ou à la demande d'une partie, fixe les jours et heures auxquels l'affaire sera appelée à bref délai. Au jour indiqué, il est procédé selon les dispositions des articles 760 à 762 du Code de procédure civile (renvoi à l'audience, ou mise en état) à un renvoi à l'audience pour les débats, ou à une nouvelle audience pour un dernier échange de pièces ou de conclusions, ou à un renvoi au magistrat de la mise en état. Lorsque l'affaire est fixée à bref délai par le président de la chambre, l'appelant signifie la déclaration d'appel dans les dix jours de la réception de l'avis de fixation qui lui est adressé par le greffe à peine de caducité de la déclaration d'appel relevée d'office par le président de la chambre ou le magistrat désigné par le premier président ; cependant, si, entre-temps, l'intimé a constitué avocat avant signification de la déclaration d'appel, il est procédé par voie de notification à son avocat.

  À peine de nullité, l'acte de signification indique à l'intimé que, faute pour lui de constituer avocat dans un délai de quinze jours à compter de celle-ci, il s'expose à ce qu'un arrêt soit rendu contre lui sur les seuls éléments fournis par son adversaire et que, faute de conclure dans le délai mentionné l'article 905-2, il s'expose à ce que ses écritures soient déclarées d'office irrecevables.

Des ***obligations nouvelles ont été mises à la charge des parties en appel*** par le décret du 6 mai 2017 (CPC, art. 905-2). À peine de caducité de la déclaration d'appel, relevée d'office par ordonnance du président de la chambre saisie ou du magistrat désigné par le premier président, l'appelant dispose d'un délai d'un mois à compter de la réception de l'avis de fixation de l'affaire à bref délai pour remettre ses conclusions au greffe. L'intimé dispose, à peine d'irrecevabilité relevée d'office par ordonnance du président de la chambre saisie ou du magistrat désigné par le premier président, d'un délai d'un mois à compter de la notification des conclusions de l'appelant pour remettre ses conclusions au greffe et former, le cas échéant, ***appel incident*** ou ***appel provoqué***.

L'intimé à un appel incident ou à un appel provoqué dispose, à peine d'irrecevabilité relevée d'office par ordonnance du président de la chambre saisie ou du magistrat désigné par le premier président, d'un délai d'un mois à compter de la notification de l'appel incident ou de l'appel provoqué à laquelle est jointe une copie de l'avis de fixation pour remettre ses conclusions au greffe. L'intervenant forcé à l'instance d'appel dispose, à peine d'irrecevabilité relevée d'office par ordonnance du président de la chambre saisie ou du magistrat désigné par le premier président, d'un délai d'un mois à compter de la notification de la demande d'intervention formée à son encontre à laquelle est jointe une copie de l'avis de fixation pour remettre ses conclusions au greffe. L'intervenant volontaire dispose, sous la même sanction, du même délai à compter de son intervention volontaire. Le président de la chambre saisie ou le magistrat désigné par le premier président peut d'office, par ordonnance, impartir des délais plus courts que ceux prévus aux alinéas précédents. Les ordonnances du président ou du magistrat désigné par le premier président de la chambre saisie statuant sur la fin de non-recevoir tirée de l'irrecevabilité de l'appel, sur la caducité de celui-ci ou sur l'irrecevabilité des conclusions et des actes de procédure en application du présent article et de l'article 930-1 ont autorité de la chose jugée au principal.

Le décret du 28 décembre 2005 a renforcé l'effectivité de l'ordonnance de référé. En effet, si le perdant fait appel et n'a pas exécuté la totalité des condamnations, l'intimé peut demander, dans le délai d'1 mois prévu à l'article 905-2 du CPC, au Premier président de la cour d'appel de radier l'affaire du rôle. Cette radiation sera refusée si l'exécution est de nature à entraîner des conséquences manifestement excessives ou si l'appelant est dans l'impossibilité d'exécuter l'ordonnance de référé (le juge doit apprécier la situation financière du perdant avec mesure, afin que le dispositif soit conforme à l'article 6 de la Convention européenne des droits de l'homme). Le Premier président peut autoriser la réinscription de l'affaire au rôle de la cour si l'appelant justifie avoir exécuté les condamnations et s'il n'y a pas péremption de l'instance (CPC, art. 526).

Les voies extraordinaires de recours peuvent être formées dans les conditions du droit commun :

– pourvoi en cassation, si l'ordonnance est rendue en dernier ressort ;

– tierce opposition, si un tiers est lésé par l'exécution de la mesure.

3 La procédure sur requête

Les ordonnances sur requête sont rendues dans les cas où le requérant est fondé à obtenir une décision provisoire sans appeler la partie adverse, la procédure n'étant pas contradictoire. Ces cas résultent de lois spéciales (rectification des actes d'état civil, mesure d'instruction avant tout procès, homologation d'une transaction ou d'un accord des parties à l'issue d'une conciliation, d'une médiation ou d'une procédure participative assistée par avocat ; CPC, art. 1565 et s.). Les présidents des juridictions peuvent aussi statuer sur requête pour prendre des mesures urgentes, lorsque les circonstances exigent qu'elles ne soient pas soumises à la contradiction (lorsque le juge ordonne une mesure d'instruction sur requête, il doit motiver les raisons de l'absence de contradiction). Ils peuvent aussi prescrire une mesure d'instruction avant tout procès (CPC, art. 145), à condition que l'absence de contradictoire soit justifiée.

La procédure n'est pas contradictoire :

- ***la requête est présentée en double exemplaire***. Elle doit être motivée et comporter l'indication précise des pièces invoquées et mentionner les diligences accomplies en vue d'un règlement amiable du litige. À peine de nullité, la requête identifie le demandeur personne physique ou morale, ainsi que le défendeur et contient l'objet de la demande (CPC, art. 58). Elle est remise au greffe de la juridiction dont le président est saisi et, en cas d'urgence, au domicile du juge (la représentation se fait par avocat ou par officier public ou ministériel habilité devant le tribunal de grande instance) ;
- ***la procédure est unilatérale***. Elle suit les règles applicables à la matière gracieuse parce qu'il n'y a pas de litige ou d'adversaire. L'ordonnance doit être motivée et peut être rendue au pied de la requête. L'autorité de l'ordonnance est provisoire, puisque le juge a la faculté de modifier ou de rétracter sa décision, même si le juge du fond est saisi de l'affaire. La décision est exécutoire au seul vu de la minute, sans que le juge ait besoin de le préciser, et sans que le bénéficiaire soit tenu de la notifier. Une copie de la requête et de l'ordonnance est laissée à la personne à laquelle elle est opposée, sauf si le juge autorise l'huissier de justice à différer la remise après l'exécution de la mesure d'instruction par exemple.

Deux recours sont prévus :

- s'il n'est pas fait droit à la requête, l'appel est ouvert dans un délai de quinze jours à compter de la date de l'ordonnance ; il est formé, instruit et jugé comme en matière gracieuse ;
- s'il est fait droit à la requête, tout intéressé peut en référer au juge pour qu'il modifie ou rétracte son ordonnance. Aucun délai n'est prévu. La procédure du référé est appliquée. La décision rendue sur rétractation est contentieuse, et susceptible d'appel dans les conditions du droit commun.

4 La procédure en matière gracieuse

Le juge statue en matière gracieuse lorsqu'en l'absence de litige, il est saisi d'une demande dont la loi exige qu'elle soit soumise à son contrôle, en raison de la nature de l'affaire ou de la qualité du requérant. La procédure gracieuse suppose donc l'absence de litige, d'adversaires, et l'exigence légale d'un contrôle du juge qui autorise, homologue, ou défend. Le gracieux n'implique pas systématiquement l'absence de conflits d'intérêts (ex. le divorce par consentement mutuel), mais il suppose que les parties se présentent devant le juge après avoir surmonté leur différend, et qu'elles lui demandent de donner acte de leur accord, après avoir contrôlé sa conformité au droit et à leurs intérêts.

Le formalisme est simplifié :

- la demande est formée par requête, et le juge est saisi par remise de l'acte au secrétariat. La représentation des parties obéit au droit commun de la juridiction saisie (devant le tribunal de grande instance, l'avocat est obligatoire) ;
- le juge dispose d'importants pouvoirs d'instruction de l'affaire. Il peut relever son incompétence territoriale, fonder sa décision sur tous les faits relatifs à la situation, y compris ceux qui n'auraient pas été allégués par le demandeur, à condition de solliciter les observations de ce dernier. Le juge procède à toutes les investigations utiles, peut entendre sans formalité les personnes susceptibles de l'éclairer, et celles dont les intérêts risquent d'être affectés par la décision ultérieure ;
- les tiers intéressés par la décision peuvent être autorisés à consulter le dossier de l'affaire, à s'en faire délivrer une copie s'ils justifient d'un motif légitime. Ils ont la faculté d'intervenir pour défendre leurs intérêts ; le juge peut même ordonner la mise en cause des personnes dont les droits et charges risquent d'être affectés par la décision ;
- le Ministère public doit avoir communication des affaires gracieuses et, s'il y a des débats, il est tenu d'y assister et fait connaître son avis ;
- le juge peut se prononcer sans débat oral, ou tenir une audience en chambre du conseil.

Les incidents

Chapitre 10

Les incidents de procédure résultent d'événements qui surviennent au cours d'une instance et qui suspendent le cours de la procédure, en arrêtent le déroulement ou modifient les éléments du procès. Ils concernent l'administration judiciaire de la preuve, le lien juridique d'instance et le personnel judiciaire.

1 Les incidents relatifs à l'administration judiciaire de la preuve

Afin de prouver les faits nécessaires au succès de sa prétention, la partie utilise les différents modes de preuve (écrits, témoignages) définis par les lois substantielles (C. civ., art. 1315 et s.). Le Code de procédure civile règle les modes d'administration judiciaire de la preuve et les incidents auxquels ils donnent lieu : par exemple, lorsque le Code civil admet la recevabilité d'un témoignage, le Code de procédure civile définit les modalités d'audition du témoin par le juge. La Cour de cassation juge que le justiciable bénéficie d'un véritable « droit à la preuve ».

■ *La communication des pièces*

Chaque partie doit communiquer spontanément à l'adversaire toute pièce qu'elle invoque, en première instance comme en appel. La communication doit se faire de manière spontanée, et en temps utile pour que chaque partie puisse prendre connaissance de la pièce et la discuter.

À défaut, le juge peut être saisi sans forme par une partie, pour enjoindre à l'adversaire de communiquer, au besoin à peine d'une astreinte. Le juge fixe les lieu et modalités de la communication et, si le bénéficiaire ne restitue pas les pièces, il peut y être contraint sous astreinte. Si une pièce n'est pas communiquée, ou si le plaideur la communique tardivement (par exemple, peu de temps avant le prononcé de l'ordonnance de clôture de l'instruction devant le tribunal de grande instance), le juge doit l'écarter des débats pour faire respecter le contradictoire et l'égalité des armes.

■ La production forcée des pièces

Si une partie détient une pièce et refuse de la produire, le juge peut, à la requête de l'autre partie, lui enjoindre de le faire, au besoin à peine d'astreinte. Si l'intéressé refuse ou s'abstient de produire, le juge en tire toutes conséquences quant à la preuve des faits.

Si un tiers détient une pièce, dont une partie a besoin pour rapporter la preuve de faits, le juge ordonne la délivrance d'une expédition ou la production de l'acte, au besoin à peine d'astreinte. Le tiers détenteur du document est tenu d'apporter son concours en vue de la manifestation de la vérité, même s'il s'agit d'une personne morale de droit public. Pour refuser de produire le document, il peut invoquer un empêchement légitime, comme le secret professionnel, la force majeure, le respect de la vie privée. En cas de difficulté, ou si un empêchement légitime est opposé, le juge qui a ordonné la production peut, sur la demande sans forme qui lui est adressée, rétracter ou modifier sa décision.

■ La contestation des preuves littérales

a) Les contestations relatives à un acte sous-signature privée

La vérification d'écriture est un incident formé par la partie qui dénie son écriture, sa signature, ou déclare ne pas reconnaître celle qui est attribuée à son auteur. Le juge saisi du principal vérifie l'écrit, ou statue sans en tenir compte. Il peut régler l'incident sur le champ, au vu des éléments dont il dispose, ou ordonner des mesures lui permettant de trancher (comparer des documents à l'écrit litigieux ; faire composer sous sa dictée des échantillons d'écriture, ou prescrire toute mesure d'instruction...). Si le juge estime que la pièce a été écrite ou signée par la partie qui a contesté, cette dernière peut être condamnée à une amende civile, sans préjudice de dommages et intérêts.

Le faux est un incident par lequel la partie prétend que l'acte sous-signature privée a été fabriqué ou altéré (faux matériel). Il est jugé comme l'incident de vérification d'écriture (comme le faux formé à titre principal, en dehors d'une instance pendante, par une assignation devant le tribunal de grande instance : si le défendeur déclare ne pas vouloir se servir de l'acte, le juge en donne acte au demandeur ; sinon, le juge statue).

La particularité de l'acte sous signature privée contresigné par avocat est prévue à l'article 1374 du Code civil : lorsqu'un avocat appose son contreseing sur un acte sous-signature privée, il atteste avoir éclairé pleinement la partie sur les conséquences juridiques de cet acte. L'acte a une force probante renforcée : il fait pleine foi de l'écriture ou de la signature des parties, y compris à l'égard de leurs héritiers et ayants cause. ***La procédure de faux*** prévue par le Code de procédure civile est seule applicable si la partie conteste sa signature ou son écriture.

b) Les contestations relatives à un acte authentique

Le plaideur peut, si on lui oppose un acte authentique (rédigé par un officier public ou ministériel), soutenir que cet acte a été fabriqué ou altéré (faux matériel), ou que son contenu ne correspond pas à la réalité des opérations (faux intellectuel). Seul le tribunal de grande instance est compétent pour statuer (ou la cour d'appel). Le Ministère public a communication du dossier, pour d'éventuelles poursuites pénales (faux en écriture publique ou authentique).

La partie doit rédiger un acte ***d'inscription de faux*** qui précise les moyens invoqués, et est dénoncé au défendeur dans le mois. Le juge statue sur l'acte litigieux comme en matière de vérification d'écriture, au vu des éléments dont il dispose et, le cas échéant, ordonne toutes mesures d'instruction. S'il rejette le faux, le demandeur est condamné à une amende civile, sans préjudice des dommages et intérêts. Si le juge admet le faux, un jugement sur le fond peut être rendu, et l'acte est écarté.

■ *Les mesures d'instruction*

Une mesure d'instruction a pour objet de permettre au juge de vérifier la réalité et la véracité des éléments de fait allégués par les parties. Elle permet également d'aider la partie bénéficiaire à prouver des faits, dans la mesure où elle ne dispose que d'éléments insuffisants (par exemple, pour chiffrer le dommage corporel qu'elle a subi). Certaines mesures (l'expertise par ex.) permettent également au juge comme aux parties d'établir l'enchaînement des faits : l'avis donné par le technicien contribue à définir la causalité, l'origine du dommage, au-delà de la preuve des éléments.

a) Les règles communes aux diverses mesures

Tout juge saisi de l'affaire peut prendre la décision d'ordonner une mesure d'instruction, à la demande d'une partie ou d'office, lorsqu'il ne dispose pas d'éléments suffisants pour statuer, parce qu'une des parties n'est pas en mesure de prouver un fait qu'elle allègue.

La ***décision est dite « avant-dire-droit »***, parce qu'elle ne dessaisit pas le juge et n'a pas autorité de chose jugée au principal. Elle n'est pas notifiée ; l'appel ou le pourvoi en cassation ne sont possibles qu'avec le jugement sur le fond, sauf dans les cas spécifiés par la loi (ex. en matière d'expertise, l'appel est ouvert sur autorisation du Premier président en cas de motif grave).

La ***décision est dite « mixte »*** lorsque le juge tranche définitivement une partie du principal (déclare l'auteur responsable) et ordonne une mesure d'instruction (pour évaluer le montant du préjudice) : l'appel ou le pourvoi en cassation est ouvert immédiatement, et la partie du principal tranchée a autorité de chose jugée et dessaisit le juge.

L'exécution de la mesure est contrôlée par le juge qui l'a ordonnée, ou le juge chargé de l'instruction, ou le juge spécialement chargé de contrôler les mesures d'instruction exécutées par un technicien. Ce juge règle les incidents d'exécution.

Le déroulement des opérations ménage les droits de la défense des parties et la recherche de la véracité des faits. Les parties sont convoquées à chaque opération, et peuvent se faire représenter ou assister. Elles doivent coopérer avec le technicien. La rédaction d'un procès-verbal (si le juge y a procédé) ou d'un rapport (si un technicien l'a exécutée) notifié aux parties et déposé au greffe de la juridiction met fin à la mesure.

La nullité des décisions et actes d'exécution des mesures d'instruction obéit aux mêmes règles que la nullité des actes de procédure : la mesure peut être annulée pour vice de fond ou de forme (dans ce cas, il faut prouver un grief pour obtenir l'annulation). Mais la nullité ne frappe que celles des opérations qu'affecte l'irrégularité, et les opérations peuvent être régularisées ou recommencées, même sur le champ. La nullité d'un acte d'exécution de la mesure d'instruction ne peut être prononcée que dans le cadre d'un incident de l'instance au fond. La Cour de cassation juge que la demande en nullité de l'expertise est soumise à un régime original, et qu'elle n'est pas une « exception de procédure » soumise à l'article 74 du Code de procédure civile, mais peut être présentée sous forme de « demande de nullité ». Cette demande doit être formée dès que l'acte nul a été accompli, et avant de développer des moyens au fond ou une demande incidente, à peine d'irrecevabilité.

b) Les règles propres à chaque mesure

Les vérifications personnelles du juge : le juge se transporte si besoin sur les lieux pour procéder aux constatations, évaluations, appréciations ou reconstitutions nécessaires. Il doit respecter la contradiction en convoquant les parties, et peut se faire assister d'un technicien. Un procès-verbal est dressé.

La comparution personnelle des parties : le juge interroge directement les intéressés en présence des défenseurs ou ceux-ci appelés, sur la réalité des faits allégués. Un procès-verbal des déclarations des parties, de leur absence ou de leur refus de répondre est signé par les parties, daté et signé par le juge et, s'il y a lieu, par le secrétaire de la juridiction. Le juge tire toute conséquence de droit des déclarations des parties, qui peuvent être considérées comme équivalent à un commencement de preuve par écrit.

Les déclarations des tiers revêtent deux formes :

- *l'attestation* est un écrit, daté et signé de la main de son auteur, mentionnant l'identité de ce dernier et indiquant qu'il va être produit en justice, contenant la relation des faits auxquels son auteur a assisté ou qu'il a personnellement constatés ;
- *l'enquête* est la procédure d'audition des témoins par le juge. L'une des parties désigne les témoins, l'autre a droit à une contre-enquête sur ses propres témoins. Les témoins sont tenus de déposer, à peine d'une amende civile, sauf motif légitime ou lien de parenté ou d'alliance en ligne directe avec l'une des parties ; ils doivent prêter serment, sauf s'ils sont frappés d'une incapacité de témoigner (par ex. les descendants ne peuvent jamais être entendus comme témoins dans une procédure de divorce ou de séparation de corps de leurs parents ; C. civ., art. 259), le juge les entendant alors à titre de simple renseignement. Le juge apprécie souverainement la portée des dépositions consignées dans un procès-verbal signé par chaque personne entendue, daté et signé par le juge et, s'il y a lieu, par le secrétaire de la juridiction.

Les mesures d'instruction exécutées par un technicien (le juge choisit le plus souvent sur la liste des experts judiciaires établie auprès de chaque cour d'appel, mais il peut recourir à un technicien non-inscrit s'il motive sa décision) permettent au juge d'être éclairé sur des éléments techniques de fait, selon trois modalités :

- les *constatations* sont consignées par écrit ou présentées oralement, et ne comportent aucun avis sur les conséquences de fait ou de droit (ex. constat d'huissier de justice, dont la force probante est importante en raison de la qualité d'officier public et ministériel de l'huissier de justice ; le constat foi jusqu'à preuve du contraire) ;
- la *consultation* est donnée oralement ou par écrit par le technicien, sur une question technique qui ne requiert pas d'investigations complexes ;
- *l'expertise* constitue la mesure la plus fréquente et suppose que la question technique soit complexe à résoudre. Le juge désigne un seul expert (exceptionnellement, un collège d'experts) ; il désigne en principe un expert inscrit sur la liste des experts judiciaires, mais peut désigner un expert non inscrit en motivant la nécessité de ce choix. La décision expose les circonstances qui motivent l'expertise, énonce les chefs de la mission, impartit le délai dans lequel l'expert devra donner son avis et fixe le montant d'une provision à valoir sur la rémunération. Le juge désigne la (ou les) partie(s) qui devra consigner la somme au greffe dans le délai imparti (à défaut, la désignation de l'expert est caduque et il est tiré toute conséquence de l'abstention ou du refus de consigner). La décision n'est pas susceptible d'un recours immédiat, sauf si l'intéressé peut justifier d'un motif grave et légitime devant le Premier président de la cour d'appel qui autorise un appel immédiat. L'expert, informé par le greffe, fait connaître au juge son acceptation et commence les opérations dès la consignation de la somme imposée aux parties. Il exécute sa

mission en personne, mais peut se faire aider par un sachant, expert dans une autre spécialité, ou par la personne de son choix, sous son contrôle et sa responsabilité.

L'exécution de l'expertise suppose ***le respect de la contradiction***. Les parties sont convoquées aux opérations, par lettre recommandée avec demande d'avis de réception et peuvent se faire assister par un avocat qui doit être avisé des opérations. L'expert doit donner suite aux observations et réclamations des parties, qui peuvent être présentées par les avocats (CPC, art. 162) : à défaut, le rapport peut être annulé pour vice de forme résultant de la violation du contradictoire. Afin de ne pas ralentir le déroulement du procès, l'expert peut fixer un délai aux parties pour présenter leurs dires : il n'est pas tenu de prendre en compte les dires présentés après l'expiration de ce délai, sauf cause grave et dûment justifiée. Lorsque les observations sont écrites, les dernières doivent rappeler sommairement le contenu des observations présentées antérieurement. À défaut, elles sont réputées abandonnées par les parties (CPC, art. 276). L'avis de l'expert est énoncé dans un rapport écrit déposé au greffe de la juridiction et notifié à chaque partie, sans aucune appréciation d'ordre juridique. En pratique, l'expert notifie aux parties un document de synthèse (que l'on nomme en pratique un « pré-rapport », qui est souvent imposé par le juge qui désigne l'expert) pour recueillir leurs observations avant de rédiger le rapport définitif. Il peut aussi rédiger un pré-rapport, afin de préconiser des mesures urgentes, ce qui constitue un rapport partiel. Le juge n'est pas lié par les conclusions du technicien, il entérine ou rejette l'avis de l'expert. En même temps que le rapport, l'expert notifie aux parties sa demande de rémunération, par tout moyen permettant d'en établir la réception (lettre RAR). Le juge fixe la rémunération de l'expert, en fonction des diligences accomplies, du respect des délais et de la qualité du travail fourni. Il ne peut prendre sa décision que passé le délai octroyé aux parties pour présenter leurs observations sur la demande de rémunération, soit 15 jours à compter de la réception de la notification.

2 Les incidents relatifs au lien juridique d'instance

La jonction et la disjonction d'instance

Le juge ordonne la jonction de plusieurs instances par une mesure d'administration judiciaire lorsqu'il existe entre les litiges un lien tel qu'il est de l'intérêt d'une bonne justice de les faire instruire ou juger ensemble.

Le juge décide la disjonction d'une instance en plusieurs, lorsque les demandes formées doivent suivre des procédures différentes.

■ *L'interruption de l'instance*

L'instance est interrompue lorsque survient un événement qui affecte la situation personnelle d'une partie ou de son représentant, et empêche ce plaideur d'assurer correctement sa défense.

Pour être pris en compte, les événements interruptifs doivent survenir ou être notifiés ***avant l'ouverture des débats***. L'instance est automatiquement interrompue par la majorité d'une partie, la cessation des fonctions de l'avocat si la représentation est obligatoire, et par le jugement qui prononce la sauvegarde, le redressement ou la liquidation judiciaires dans les cas où il entraîne dessaisissement du débiteur. L'instance est interrompue, à compter de la notification faite à l'autre partie, par le décès d'une partie (si l'action est transmissible), la cessation des fonctions du représentant légal d'un incapable, le recouvrement ou la perte par une partie de la capacité d'ester en justice.

Les conséquences de l'interruption : les actes accomplis et les jugements même passés en force de chose jugée, obtenus après l'interruption de l'instance, sont réputés non avenus, à moins qu'ils ne soient tacitement ou expressément confirmés par la partie victime de l'événement interruptif. L'instance peut être ***reprise*** en l'état où elle se trouvait lors de l'interruption, soit volontairement, selon les formes de la présentation des moyens de défense, soit de manière forcée, par voie de citation. L'interruption de l'instance interrompt le délai de 2 ans de péremption de l'instance (CPC, art. 392) ; en appel, l'interruption de l'instance, due notamment à la cessation des fonctions de l'avocat, interrompt aussi les délais prévus pour remettre les conclusions au greffe de la cour d'appel.

■ *La suspension de l'instance*

Le sursis à statuer suspend le cours de l'instance pour le temps ou jusqu'à la survenance d'un événement déterminé (question préjudicielle sur un moyen de défense qui ne relève pas de la compétence du juge saisi, question prioritaire de constitutionnalité). Le sursis à statuer ne dessaisit pas le juge et entraîne la suspension du délai de péremption (un nouveau délai de 2 ans repart à compter de la fin du sursis). À l'expiration du sursis, l'instance est poursuivie à l'initiative des parties, ou à la diligence du juge.

La radiation, mesure d'administration judiciaire, entraîne la suspension de l'instance à titre de sanction de la carence de toutes les parties, et emporte suppression de l'affaire du rang des affaires en cours. Elle est également prévue en appel (CPC, art. 526) ou en cassation (CPC, art. 1009-1 et s.) lorsque le demandeur n'a pas exécuté la totalité des condamnations prononcées par la décision qu'il attaque (sauf s'il prouve que l'exécution entraînerait des conséquences manifestement excessives ou qu'il est dans l'impossibilité d'exécuter). Elle n'éteint pas l'instance, et l'affaire peut être rétablie après justification des diligences dont le défaut a été sanctionné, dans les deux ans à compter du dernier acte de procédure (sous peine de péremption de l'instance).

Le retrait du rôle est prononcé à la demande écrite et motivée de toutes les parties, par une mesure d'administration judiciaire (cette mesure peut être décidée par le juge de la mise en état devant le TGI art. 763, CPC et par le conseiller de la mise en état devant la cour d'appel ; CPC, art. 907). Lorsque les parties informent le juge de la signature d'une convention de procédure participative, le retrait du rôle est prononcé (CPC, art. 1546-1). L'affaire est rétablie à la demande de l'une des parties, dans un délai de deux ans à compter de la demande de retrait à peine de péremption. L'instance se poursuit en l'état où elle se trouvait avant la demande de retrait, et les actes antérieurs conservent leur validité.

■ *L'extinction de l'instance*

a) À titre principal

À titre principal, l'instance s'éteint par l'effet de la péremption, du désistement d'instance ou de la caducité de la citation. Une nouvelle demande peut être formée, si le droit n'est pas prescrit (en effet, l'extinction de l'instance entraîne l'anéantissement de l'effet interruptif de l'assignation, et la prescription repart depuis l'origine ; C. civ., art. 2243) :

- ***la péremption*** sanctionne le défaut de diligences pendant plus de deux ans (la diligence est toute démarche processuelle, tout acte faisant partie de l'instance et la continuant, accompli par une partie, comme une lettre envoyée à l'expert). La péremption peut être relevée d'office par le juge, qui sollicite les observations des parties. Elle peut aussi être demandée par l'une des parties, ou opposée par voie d'exception à la partie qui agit après l'expiration du délai de 2 ans, et ce, avant tout autre moyen. Lorsqu'elle est demandée, le juge doit la prononcer, parce qu'elle est « de droit » dès lors que les conditions sont réunies. La péremption éteint l'instance, mais non le droit d'agir : une nouvelle demande peut donc être formée s'il n'y a pas prescription. On ne peut jamais opposer aucun des actes de la procédure périmée ou s'en prévaloir. Les frais de l'instance périmée sont à la charge du demandeur ;
- ***le désistement de la demande en vue de mettre fin à l'instance*** consiste pour le demandeur à renoncer à se prévaloir de la procédure engagée, à abandonner le procès (il ne dispose pas de preuves suffisantes). Le désistement de la demande résulte d'une manifestation non équivoque d'abandon, expresse ou implicite. Il n'est parfait que par l'acceptation du défendeur, si ce dernier a présenté des défenses au fond ou une fin de non-recevoir, sauf s'il n'a aucun motif légitime de refuser. Le ***désistement de l'appel*** doit être accepté par l'intimé s'il contient des réserves ou si un appel incident ou une demande incidente a été formé. Il emporte

acquiescement au jugement attaqué et est non avenu si, ultérieurement, une autre partie interjette régulièrement appel ;

- *la caducité de la citation* entraîne l'anéantissement rétroactif de l'acte, à titre de sanction du non-accomplissement par les parties d'une formalité postérieure dans un délai donné : ainsi, l'assignation devant le tribunal de grande instance doit être suivie des formalités d'enrôlement de l'affaire dans les quatre mois, à peine de caducité ; la déclaration d'appel est caduque si l'appelant n'a pas remis au greffe ses conclusions au fond dans les 3 mois (CPC, art. 908). La caducité de la citation entraîne l'extinction de l'instance avec effet rétroactif et, selon la jurisprudence, prive la demande de son effet interruptif de la prescription.

b) À titre accessoire

À titre accessoire, l'instance s'éteint par l'effet du jugement sur le fond, qui dessaisit le juge de la contestation, et par des causes procédurales qui entraînent la disparition du droit d'agir lui-même :

L'acquiescement à la demande	C'est la reconnaissance du bien-fondé des prétentions de l'adversaire, qui entraîne renonciation à l'action. L'acquiescement au jugement emporte soumission aux chefs de la décision et renonciation aux voies de recours ; il est sans effet si, ultérieurement, une autre partie forme régulièrement appel.
Le désistement d'action	Il entraîne l'abandon du droit qui fait l'objet de la contestation, avec impossibilité de renouveler la demande.
Le décès d'une partie	Il entraîne extinction de l'instance si l'action attitrée est intransmissible (ex. une action en divorce en cas de décès de l'un des époux en cours d'instance). Si l'action est transmissible, le décès interrompt l'instance à partir de sa notification à la partie.

3 Les incidents relatifs au personnel judiciaire

■ *La récusation et le renvoi pour cause de suspicion légitime*

Une partie peut solliciter le remplacement d'un juge appelé à statuer sur son affaire, dans des hypothèses où il existe des éléments objectifs permettant légitimement de suspecter la partialité du juge (ex. un lien de parenté ou d'alliance, d'amitié ou d'inimitié notoire avec l'une des parties ; un intérêt personnel à la contestation, une connaissance antérieure de l'affaire en tant que juge, arbitre ou conseil...), définis par le Code de procédure civile (art. 339 et s.), le Code rural (art. L. 492-5 et s.) et le Code de l'organisation judiciaire (art. L. 111-5 et s. ; art. L. 111-11 qui assimile le pacs au mariage) et reposant sur l'article 6 § 1 de la Convention européenne des droits de l'homme (par ex., un juge des référés qui a accordé une provision ne peut plus siéger au fond). Si le plaideur suspecte la partialité du tribunal, il demande un renvoi pour suspicion légitime qui est soumis au même régime.

La demande de récusation ou de renvoi pour cause de suspicion légitime est portée devant le premier président de la cour d'appel. Elle est formée par acte remis au greffe de la cour d'appel. Lorsque la cause justifiant la demande est découverte à l'audience, la demande est formée par déclaration consignée par le greffier dans un procès-verbal, qui est adressé sans délai au premier président. Une copie en est conservée au dossier. La demande doit, à peine d'irrecevabilité, indiquer les motifs de récusation ou de renvoi pour cause de suspicion légitime et être accompagnée des pièces justificatives. Il est délivré récépissé de la demande.

Le premier président statue sans débat dans le délai d'un mois à compter de sa saisine après avis du procureur général. Lorsque la demande de récusation concerne le juge des libertés et de la détention statuant dans les contentieux visés à l'article L. 213-8 du Code de l'organisation judiciaire, le premier président statue à bref délai. Le greffier avise, par tout moyen et sans délai, de la décision rendue aux parties, le juge dont la récusation a été demandée et le président de la juridiction à laquelle appartient ce magistrat ou dont le dessaisissement a été demandé. L'ordonnance rejetant la demande de récusation ou de renvoi pour cause de suspicion légitime peut faire l'objet d'un pourvoi dans les quinze jours de sa notification par le greffe.

Si la demande de récusation est admise, il est procédé au remplacement du juge. Si la demande de renvoi pour cause de suspicion légitime est admise, l'affaire est renvoyée devant une autre formation de la juridiction initialement saisie ou devant une autre juridiction de même nature. Cette décision s'impose aux parties et au juge de renvoi. En cas de renvoi devant une autre juridiction, il est procédé comme il est dit à l'article 97.

Les actes de procédure accomplis par le juge ou la juridiction avant que la décision accueillant la demande de récusation ou de renvoi pour cause de suspicion légitime n'ait été portée à sa connaissance ne peuvent être remis en cause. Est toutefois non avenue, quelle qu'en soit sa date, la décision rendue par le juge ou la juridiction qui tranche tout ou partie du principal ou qui, sans trancher le principal, est exécutoire à titre provisoire.

Si la demande de récusation ou de renvoi pour cause de suspicion légitime est rejetée, son auteur peut être condamné à une amende civile d'un maximum de 10 000 € sans préjudice des dommages-intérêts qui pourraient être réclamés.

L'***abstention*** est le fait, pour le juge qui suppose en sa personne une cause de récusation ou plus généralement qui estime en conscience devoir s'abstenir, de se faire remplacer par un autre juge désigné par le Président de la juridiction à laquelle il appartient (CPC, art. 339 et COJ, art. L. 111-7).

Le renvoi pour cause de sûreté publique

Il est appliqué lorsque survient une cause de sûreté publique, c'est-à-dire des menaces pesant sur l'indépendance ou l'intégrité physique des juges (le renvoi est alors prononcé par la Cour de cassation sur réquisitions du procureur général). Si le Président de la juridiction saisie estime la demande de renvoi fondée, il distribue l'affaire à une autre formation du tribunal, ou à une juridiction de même nature, sans recours possible ; à défaut, la juridiction immédiatement supérieure tranche l'incident (CPC, art. 356 et s. et COJ, art. L. 111-8). Il existe des causes de renvoi ***spécifiques aux procédures collectives*** (C. com., art. L. 662-2 et R. 662-7), lorsque les intérêts en présence le justifient, la cour d'appel peut renvoyer la procédure de conciliation, de mandat *ad hoc* ou de sauvegarde, de redressement ou de liquidation judiciaires devant un autre tribunal de commerce. Cette « délocalisation » peut être demandée par le Ministère public ou le débiteur ou le créancier, ce qui permet d'éviter tout conflit d'intérêts.

La prise à partie

Le décret du 23 décembre 2006 a introduit dans le Code de procédure civile un chapitre IV (art. 366-1 à 366-9) qui organise la procédure de prise à partie.

La ***prise à partie*** est un procédé permettant de mettre en cause la responsabilité de l'État (COJ, art. L. 141), et celle du juge sur action récursoire (COJ, art. L. 141-2), dès lors qu'il s'agit d'un juge ne relevant pas du statut de la magistrature (par ex., juge élu du tribunal de commerce ou du conseil des prud'hommes), dont on peut prouver qu'il a commis une faute caractérisée (la liste des hypothèses est définie par l'article L. 141-3 du Code de l'organisation judiciaire : déni de justice, dol, fraude...). La demande est formée devant le Premier président de la cour d'appel dans le ressort de laquelle siège le juge intéressé, qui doit autoriser la prise à partie. La cour d'appel statue au fond si la requête est déclarée recevable.

Le jugement

Chapitre 11

Le terme « jugement » désigne toute décision du juge, qui termine une instance en statuant au fond ou qui règle un incident, tant en matière contentieuse qu'en matière gracieuse (on nomme « arrêt » la décision d'une cour d'appel ou de la Cour de cassation, « ordonnance » celle d'un juge unique, « sentence » celle de l'arbitre).

1 La diversité des jugements

■ *La notion d'acte juridictionnel*

Les magistrats prennent de nombreux actes qui ne sont pas tous des actes juridictionnels, dotés de l'autorité de la chose jugée et de la force exécutoire. Des critères ont été proposés pour reconnaître ces actes juridictionnels :

Critères formels	Ils englobent un critère organique (l'acte juridictionnel est la manifestation de volonté d'un organe spécialisé, hiérarchisé et indépendant), un critère procédural (l'organe doit statuer en respectant des règles de procédure offrant aux plaideurs les garanties d'un procès équitable) et un critère tiré de l'autorité de la chose jugée (un acte est juridictionnel si la loi lui attribue une autorité telle que le titulaire du droit peut s'en prévaloir sans contestation, et qu'il n'est plus possible de saisir un juge du même objet ; C. civ., art. 1355).

Critères matériels	Ils prennent en compte la contestation (la juridiction a le pouvoir de trancher les litiges, les conflits d'intérêts), la structure propre de l'acte qui révèle trois éléments : une prétention (question de droit posée au juge), une constatation (solution traduite par un syllogisme judiciaire, à savoir, la majeure qui est la règle de droit, la mineure, qui correspond aux faits de l'espèce, et la conclusion, la solution à la question posée) et une décision (par ex., condamnation à payer une somme d'argent déterminée), et enfin, le but de l'acte juridictionnel, qui est de procéder à une constatation, à une vérification, en réponse à la question posée sur la violation de la règle.

■ *Les classifications des actes juridictionnels*

On oppose le jugement définitif (qui statue sur tout ou partie du principal ou sur une exception de procédure, une fin de non-recevoir ou tout incident de procédure) au jugement avant-dire-droit (qui se borne, dans son dispositif, à ordonner une mesure d'instruction ou une mesure provisoire) et au jugement mixte (qui statue dans son dispositif sur une partie du principal, et ordonne une mesure d'instruction ou une mesure provisoire).

On distingue le jugement contentieux, qui met fin à une contestation opposant deux adversaires en disant le droit (à distinguer du jugement de donné acte, d'expédient ou convenu, par lequel le juge entérine un accord des parties) et la décision gracieuse, acte juridictionnel par lequel le juge intervient pour contrôler une situation, en l'absence de litige.

On oppose l'acte juridictionnel à la mesure d'administration judiciaire, qui concerne l'organisation et le fonctionnement de la justice sans affecter directement les droits des parties (ex. une radiation de l'affaire). Cette mesure n'est pas motivée et n'est pas susceptible de recours.

2 L'élaboration du jugement

■ *Les opérations d'élaboration*

a) Le délibéré

Après la clôture des débats, le jugement peut être rendu sur le champ ou sur le siège, ou après délibéré, avec la participation de tous les juges devant lesquels l'affaire a été débattue, la juridiction devant être composée conformément aux règles d'organisation judiciaire (le nom des juges sera indiqué dans le jugement, à peine de nullité). La décision est prise à la majorité des voix, à l'issue d'un vote non réglementé par la loi. Le délibéré est secret, ce qui garantit l'indépendance des juges (le magistrat prête serment de « *garder le secret des délibérations* »).

b) La rédaction

Le jugement est un ***acte écrit*** (l'original se nomme la minute), rédigé en langue française, conformément aux exigences de l'article 2 de la Constitution du 4 octobre 1958, et rendu au nom du peuple français. Le décret n° 2012-1515 du 28 décembre 2012 prévoit que le jugement peut être établi sur support papier ou électronique (c'est le cas des arrêts de la Cour de cassation, les juges disposant de la signature électronique). Un arrêté du garde des Sceaux définit les modalités de la signature électronique sécurisée.

Il comporte plusieurs indications :

- les mentions relatives à la juridiction (tribunal, nom des juges qui ont délibéré...), la date ;
- les indications relatives aux parties ;
- l'exposé succinct de leurs prétentions et moyens (le juge peut recourir au simple visa des conclusions des parties avec l'indication de leur date). Le jugement doit être ***motivé***, il doit exposer les raisons qui fondent la décision, afin que le plaideur puisse vérifier que ses moyens et prétentions ont été examinés par le juge, et pour permettre un contrôle de la motivation par une juridiction supérieure. Le ***dispositif*** énonce la décision du juge en répondant à tous les chefs des prétentions. Les ***signatures*** du président et du secrétaire sont exigées à peine de nullité.

c) Le prononcé

Il peut consister en une lecture de la décision, à haute voix, par l'un des juges qui l'ont rendu, en audience publique pour les décisions contentieuses, et à huis clos pour les décisions gracieuses (sauf exception). Les parties ou leur représentant doivent être informés de la date du prononcé par le président. Depuis le décret du 20 août 2004, le jugement est généralement prononcé par sa ***remise au greffe*** de la juridiction. Le président doit indiquer la date de cette mise à disposition, qui obéit aux mêmes règles de publicité que le prononcé en audience (CPC, art. 450 et 451).

d) La publicité

Des expéditions ou des copies du jugement sont délivrées par le greffier en chef de la juridiction qui est dépositaire des minutes dont il assure la conservation, sous le contrôle des chefs du tribunal. Les parties ont droit à la délivrance gratuite d'une copie certifiée conforme, d'un extrait ou certificat, ainsi que d'une copie certifiée conforme revêtue de la formule exécutoire (dénommée « la grosse »). Les tiers peuvent demander délivrance d'une copie des jugements prononcés publiquement, moyennant la perception d'un droit.

Il arrive que certains jugements fassent l'objet d'une publicité plus large, dans le but d'informer les tiers de la nouvelle situation juridique (ex. le jugement de tutelle est mentionné sur le répertoire civil ; le jugement de redressement judiciaire est publié au *BODACC*).

Les sites électroniques (légifrance) répertorient pour la communauté des juristes et les citoyens les décisions rendues par la Cour de cassation et de certaines cours d'appel. Afin de protéger la vie privée des personnes, les intéressés peuvent demander l'anonymisation du jugement les concernant.

La loi n° 2016-1321 du 7 octobre 2016 pour une République numérique a prévu « ***l'open data*** » des décisions judiciaires. L'article L. 111-13 du Code de l'organisation judiciaire prévoit : « *Sans préjudice des dispositions particulières qui régissent l'accès aux décisions de justice et leur publicité, les décisions rendues par les juridictions judiciaires sont mises à la disposition du public à titre gratuit dans le respect de la vie privée des personnes concernées. Cette mise à disposition du public est précédée d'une analyse du risque de ré-identification des personnes. Les articles L. 321-1 à L. 326-1 du Code des relations entre le public et l'administration sont également applicables à la réutilisation des informations publiques figurant dans ces décisions. Un décret en Conseil d'État (non encore paru au jour de la date de rédaction) fixe, pour les décisions de premier ressort, d'appel ou de cassation, les conditions d'application du présent article.* »

■ *La nullité du jugement*

Les causes d'annulation du jugement sont prévues par la loi. Le régime de la nullité est très restrictif, en raison de la gravité des conséquences de l'annulation. Les nullités ne peuvent être mises en œuvre que par une voie de recours prévue par la loi (appel-annulation ou pourvoi en cassation, selon la règle, « *voies de nullité n'ont lieu contre les jugements* »). L'inexactitude d'une mention n'entraîne pas l'annulation du jugement s'il est établi par les pièces de la procédure, par le registre d'audience ou par tout autre moyen, que les prescriptions légales ont été, en fait, observées.

3 Les attributs du jugement

Le ***jugement définitif*** produit des effets substantiels, puisqu'il modifie la situation juridique des parties (déclare une partie propriétaire, créancière...). Afin que ces effets ne puissent pas être contestés, le jugement a la force probante d'un acte authentique, l'autorité de la chose jugée, et la force exécutoire : il s'agit de trois attributs procéduraux du jugement qui assurent l'incontestabilité de la décision de justice.

■ *La force probante*

Le ***jugement a la force probante*** d'un acte authentique, ce qui signifie qu'il fait foi jusqu'à inscription de faux pour tout ce qui a trait aux éléments que le juge a accomplis lui-même ou qui ont eu lieu en sa présence (ex. la présence des parties à l'audience). En cas de contestation, les pièces de la procédure, le registre d'audience ou tout autre moyen, peuvent démontrer que les prescriptions légales ont été observées.

■ *L'autorité de la chose jugée*

L'***autorité de la chose jugée***, définie à l'origine comme une présomption légale de vérité par le Code civil, est en réalité un attribut du jugement, dont la fonction est d'assurer l'immutabilité du contenu de cette vérification. Seul l'exercice d'une voie de recours permet en effet de la remettre en cause. Une fois les recours expirés, la solution devient irrévocable.

a) Domaine

Seules les ***décisions contentieuses définitives*** ont autorité de la chose jugée, non les décisions gracieuses (pour ces dernières, on admet qu'il existe des exceptions, comme les jugements qui prononcent le divorce sur demande conjointe), les jugements constatant l'accord des parties, les mesures d'administration judiciaire ou les jugements avant-dire-droit.

Seul le ***dispositif du jugement*** a autorité de la chose jugée, à l'exclusion des autres énonciations et des motifs.

b) Mise en œuvre

Lorsque l'une des parties au jugement remet en cause la décision en formant une demande identique devant un autre juge, ou le même juge, le bénéficiaire du jugement oppose l'autorité de la chose jugée si trois conditions sont réunies :

- l'identité des parties (ou de leurs ayants cause, comme leurs héritiers), concerne l'identité civile et la « qualité » invoquée (c'est-à-dire le titre juridique en vertu duquel elles agissent) ;
- l'identité de « chose demandée » intéresse ce qui a été jugé précédemment, c'est-à-dire débattu par les parties et décidé dans le dispositif du jugement (les prétentions juridiques et matérielles, on parle d'objet de la demande) ;
- l'identité de cause est appréciée au regard des faits invoqués par le demandeur lors de la première instance. Si ces faits sont identiques, une seconde demande sera irrecevable même si l'auteur modifie les moyens de droit, les fondements juridiques de sa demande (par exemple, si un justiciable assigne son adversaire sur le fondement de la responsabilité délictuelle pour faute

pour réclamer réparation de son dommage, et qu'il est débouté, il ne peut plus le réassigner sur le fondement de la responsabilité du fait de la garde de la chose pour obtenir réparation du même préjudice). Seuls des faits nouveaux survenus depuis le jugement entraînent une modification de la « cause » de la demande et permettent de former un nouveau procès puisqu'il n'y a plus d'autorité de la chose jugée. La Cour de cassation a donc imposé aux parties un ***principe de « concentration des moyens de droit »*** lors de la première instance, pour le demandeur comme pour le défendeur (qui doit concentrer tous les moyens qui lui permettent de s'opposer à la demande) : il faut nécessairement invoquer devant le juge saisi tous les moyens de droit pertinents (dans le cas cité, la responsabilité délictuelle du fait personnel et celle du fait des choses), puisqu'il ne sera plus possible de les soulever dans un autre procès ayant le même objet entre les mêmes parties !

c) Régime procédural

L'autorité de la chose jugée est invoquée en tout état de cause, sous la forme d'une fin de non-recevoir. Le juge peut toujours la relever d'office. L'autorité de la chose jugée est relative : l'acte juridictionnel ne crée de droits et d'obligations qu'à l'égard des parties, il ne peut pas nuire aux tiers ou créer de droit à leur profit. Néanmoins, les tiers doivent respecter la chose jugée (on parle d'opposabilité absolue du jugement) : si l'exécution du jugement leur cause un préjudice, ils peuvent former tierce opposition pour que la décision leur soit déclarée inopposable.

d) Protection

Lorsque deux décisions dotées de l'autorité de la chose jugée ont été rendues sur le même litige, et qu'elles sont inconciliables, un pourvoi en cassation peut être formé pour trancher la difficulté et annuler l'une des décisions.

■ *Le dessaisissement du juge*

En principe, dès son prononcé, tout jugement sur le fond dessaisit le juge de la contestation qu'il tranche. Le juge ne peut donc plus revenir sur sa décision (sauf si la décision est provisoire, comme un jugement avant-dire-droit, ou une ordonnance de référé, et qu'il survient un élément nouveau).

Des atténuations ont été prévues par le législateur :

- les termes ambigus ou obscurs d'une décision peuvent faire l'objet d'une interprétation par le juge qui a statué ;
- en cas d'erreur ou d'omission matérielle (erreur de calcul, d'orthographe...), le juge qui a statué peut réparer le jugement ;

– si la juridiction a omis de statuer sur un chef de demande, les parties peuvent saisir le juge pour qu'il complète son jugement et rétablisse le véritable exposé des prétentions et moyens ;
– si le juge s'est prononcé sur des choses non demandées, ou s'il a accordé plus que ce qu'il a été demandé, les dispositions prévues au titre de l'omission de statuer s'appliquent.

Certains recours constituent des ***voies de rétractation*** (opposition, recours en révision, tierce opposition), permettant de revenir devant le même juge pour qu'il réforme sa décision.

■ *La force exécutoire*

Le jugement constitue un ***titre exécutoire*** : il autorise le gagnant à recourir aux procédures légales de contrainte à défaut d'exécution volontaire, sous réserve que les conditions prévues par le CPC soient remplies. Le droit d'obtenir l'exécution du jugement exécutoire dans un délai raisonnable est un élément du procès équitable prévu par l'article 6 § 1 de la Convention européenne des droits de l'homme. L'État doit donc organiser des procédures civiles d'exécution efficaces.

a) L'apposition de la formule exécutoire

Un jugement ne peut être mis à exécution que sur présentation d'une expédition revêtue de la formule exécutoire (définie comme l'ordre donné au pouvoir exécutif de prêter main-forte à l'exécution de la décision) énoncée en ces termes :

« *Au nom du peuple français, en conséquence, la République française mande et ordonne à tous huissiers de justice sur ce requis, de mettre ledit jugement à exécution, aux procureurs généraux et aux procureurs de la République près les tribunaux de grande instance d'y tenir la main, à tous commandants et officiers de la force publique de prêter main-forte lorsqu'ils en seront légalement requis...* ».

b) La notification du jugement

Les jugements ne peuvent être exécutés contre ceux auxquels ils sont opposés qu'après leur avoir été notifiés, à moins que l'exécution n'en soit volontaire ou qu'elle soit ordonnée « *au seul vu de la minute* ». La notification consiste à porter la décision à la connaissance de l'intéressé.

Les jugements sont notifiés aux parties elles-mêmes et, lorsque la représentation est obligatoire, à leur représentant *ad litem* préalablement, faute de quoi la notification à la partie est nulle.

La notification peut exceptionnellement se faire en la forme ordinaire : les décisions gracieuses sont toutes notifiées par le greffe, par lettre recommandée avec demande d'avis de réception. La forme de principe est la ***signification par huissier de justice*** pour les jugements contentieux. L'acte doit indiquer avec précision le (ou les) recours ouvert(s) contre le jugement (une erreur entraîne la nullité de la signification), les modalités d'exercice du recours, le délai d'exercice, ainsi que les incidences pour l'intéressé d'un abus du droit de former le recours.

La notification est faite au lieu où demeure la personne physique destinataire, ou au lieu de l'établissement de la personne morale.

Les délais de notification varient :

- 10 ans pour les jugements contradictoires (c'est le délai de prescription extinctive du droit d'exécuter le jugement, sauf si le jugement statue sur un droit dont la prescription est plus longue) ;
- 2 ans à compter du prononcé pour les jugements définitifs afin que la partie comparante puisse exercer les recours ;
- 6 mois pour les jugements par défaut ou réputés contradictoires (à défaut, ils sont non avenus).

c) L'attribution de la force de chose jugée

Si le jugement n'est susceptible d'aucun recours suspensif de l'exécution (appel et opposition), parce qu'il est contradictoire et en dernier ressort, il acquiert, dès son prononcé, l'autorité de la chose jugée et la force exécutoire. Il peut donc faire l'objet de mesures d'exécution dès sa signification ou notification. Si le perdant, après avoir exécuté, obtient la cassation du jugement, le bénéficiaire de l'exécution doit restituer ce qu'il a perçu, avec intérêts au taux légal à compter de la notification de la décision ouvrant droit à restitution, sans dommages et intérêts (la cassation ne peut pas être imputée à faute).

Si le jugement est susceptible de recours suspensif (d'appel ou d'opposition), le délai d'exercice comme l'exercice du recours suspendent l'exécution. Le jugement acquerra la force de chose jugée à l'expiration du délai, dans la mesure où aucun recours n'a été formé. Si le recours a été exercé, deux hypothèses doivent être distinguées : si le jugement est infirmé ou annulé, c'est la décision rendue par la juridiction de recours qui acquiert la force de chose jugée ; si le jugement est confirmé, il retrouve sa force exécutoire de façon rétroactive.

Certaines décisions sont immédiatement exécutoires, alors même qu'elles sont susceptibles d'appel : on parle d'exécution de droit à titre provisoire (ordonnances de référé, décisions du juge de l'exécution, jugements rendus en matière de redressement et de liquidation judiciaire ; C. com., art. R. 661-1). Le gagnant peut donc procéder à une exécution forcée après avoir signifié la décision. L'affaire est même radiée du rôle de la cour d'appel si l'appelant n'a pas exécuté la décision (sauf s'il est dans l'impossibilité d'exécuter). En cas d'infirmation par la cour d'appel, le bénéficiaire initial de l'exécution devra restituer les sommes perçues avec intérêt au taux légal et réparer le préjudice éventuellement subi par l'ex-perdant (l'exécution provisoire se fait aux risques et périls du gagnant).

d) Les aménagements à la force exécutoire

Le Code de procédure civile a prévu deux hypothèses particulières permettant de protéger les intérêts du perdant (le délai de grâce) ou du gagnant (l'exécution provisoire).

Le délai de grâce	(Limité à deux ans) est accordé au débiteur, en fonction de sa situation personnelle et des besoins du créancier, par le juge qui a rendu la décision (ou le juge des référés en cas d'urgence, ou par le juge de l'exécution après signification d'un commandement ou d'un acte de saisie), pour différer l'exécution des condamnations.
L'exécution provisoire	Déroge à l'effet suspensif des recours ordinaires : le juge autorise le gagnant d'un jugement n'ayant pas force de chose jugée à exécuter immédiatement la décision, dans la mesure où cette exécution paraît nécessaire et compatible avec la nature de l'affaire. Le perdant peut éviter que l'exécution soit poursuivie en consignant, avec l'autorisation du juge, les espèces suffisantes pour garantir le montant de la condamnation ; il peut former appel contre le jugement et demander au Premier président de la cour statuant en référé d'arrêter l'exécution provisoire (COJ, art. L. 311-7 et CPC, art. 524) si elle est interdite par la loi, ou si elle risque d'entraîner des conséquences manifestement excessives pour lui, ou d'ordonner la constitution de garanties de restitution.

Si un appel est formé après l'exécution provisoire, deux solutions sont envisagées :

- si le jugement est confirmé, les actes d'exécution deviennent définitifs ;
- si le jugement est infirmé ou annulé, le créancier devra restituer ce qu'il a perçu, avec intérêt au taux légal et réparer le préjudice éventuellement subi par le plaideur qui a dû exécuter (l'exécution provisoire est réalisée aux risques et périls du gagnant).

L'exécution **de droit** à titre provisoire (ordonnance de référé) peut être arrêtée en cas d'appel par le Premier président de la cour d'appel. L'article 524 du Code de procédure civile pose deux conditions :

- une violation manifeste du principe du contradictoire ou de l'article 12 du Code de procédure civile (il a été jugé que la mauvaise interprétation de la loi et le défaut de motivation ne constituent pas une violation de l'article 12) ;
- et la preuve que l'exécution risque d'entraîner des conséquences manifestement excessives. L'exécution de plein droit à titre provisoire en matière de procédures collectives peut être exceptionnellement arrêtée en cas d'appel par le Premier président, si l'appelant prouve qu'il a des moyens sérieux d'appel (C. com., art. R. 661-1).

PARTIE 4

Les voies de recours

Les voies ordinaires de recours

Chapitre 12

Le plaideur, totalement ou partiellement débouté, a la faculté d'obtenir d'un autre juge un réexamen de l'affaire par l'exercice d'une voie de recours, définie comme un instrument procédural permettant de critiquer un acte juridictionnel, en contestant soit un mal jugé en fait ou en droit, soit un mal jugé par rapport aux règles de procédure.

1 L'appel

Voie de réformation, l'appel conduit au contrôle du bien ou du mal jugé en fait et en droit par d'autres juges, ce qui limite les possibilités d'erreurs.

Voie d'annulation, l'appel permet de sanctionner une irrégularité dans la procédure d'élaboration du jugement de première instance. L'appel est indissociable du principe du double degré de juridiction, considéré comme une règle essentielle d'organisation juridictionnelle.

Voie d'achèvement du litige, l'appel permet aux parties de faire juger la totalité des éléments du litige, même s'ils n'ont pas été abordés par le juge du premier degré (demandes qui sont l'accessoire ou le complément nécessaire des prétentions initiales). C'est une voie ordinaire de recours, en ce sens qu'elle est ouverte sans limitation, et qu'elle est suspensive de l'exécution du jugement attaqué.

Un décret n° 2017-892 du 6 mai 2017 a modifié l'appel, dans sa finalité comme dans sa procédure. Il est applicable à tous les jugements rendus depuis le 1er septembre 2017.

■ *La saisine de la cour d'appel*

a) Les conditions relatives aux parties

Toute partie qui y a intérêt, c'est-à-dire qui a succombé totalement ou partiellement, et qui n'a pas renoncé à l'appel (expressément ou en exécutant sans réserve un jugement non exécutoire, ou en acquiesçant au jugement) peut relever appel. Les parties en première instance peuvent former un appel principal. L'appel incident peut être formé par un intimé en appel, qui entend critiquer un autre chef du jugement, sur lequel il a succombé, soit contre l'appelant, soit contre un autre intimé. Une partie en première instance, qui n'est pas intimée par l'appelant, peut former un appel provoqué contre l'appelant ou contre un intimé (le même appel provoqué peut être formé contre la partie en première instance non intimée, soit par l'appelant, soit par un intimé). En cas de pluralité de parties, l'appel ne profite qu'à celle qui l'exerce (sauf solidarité ou indivisibilité entre elles). Les tiers, en matière contentieuse, peuvent intervenir à l'instance d'appel volontairement ou de manière forcée (appel en garantie, en cas d'évolution du litige).

b) Les conditions relatives aux décisions

Tout jugement de première instance est susceptible d'appel réformation ou annulation, en toutes matières, même gracieuse. Mais l'appel est fermé en raison de la faible valeur du litige (le taux du ressort est fixé à 4 000 euros), ou pour répondre aux nécessités d'un déroulement rapide de la procédure. Il est parfois différé (pour le jugement avant-dire-droit, il faut attendre que le jugement sur le fond ait été rendu, et attaquer les deux décisions).

L'« appel nullité », qui sanctionne un excès de pouvoir du juge, est toujours ouvert, immédiatement, contre toute décision (il s'agit d'un appel non prévu par les textes, ouvert de manière prétorienne par la Cour de cassation).

c) Les conditions relatives au délai

En matière contentieuse, le délai d'appel est d'un mois, il est de quinze jours en matière gracieuse. Le point de départ du délai est en principe le jour de la signification ou de la notification régulière du jugement.

d) L'étendue de la saisine de la cour d'appel

1) L'effet dévolutif

Le recours remet la chose jugée en question devant la juridiction d'appel, pour qu'il soit à nouveau statué en fait et en droit, droit dans les limites fixées au Code de procédure civile.

D'abord, la dévolution est limitée par les critiques formulées contre le jugement (il n'est dévolu qu'autant qu'il est appelé, ou « *tantum devolutum quantum appellatum* ») : il n'existe plus d'appel général. La cour d'appel ne connaît que des chefs du jugement critiqués expressément par l'appel principal ou les appels incidents ou provoqués (CPC, art. 562). Cette compétence est logiquement étendue aux chefs du jugement qui, bien que n'étant pas expressément critiqués, dépendent étroitement des chefs critiqués (il faut éviter d'éventuelles contrariétés de décisions). Mais la dévolution est en principe limitée : l'appel ne remet en cause que les points sur lesquels les parties appelantes ont succombé, et la cour n'a pas à revenir sur les chefs de la décision qui satisfont les plaideurs. Exceptionnellement, la loi prévoit un *effet dévolutif pour le tout* : la cour est tenue de réexaminer l'intégralité du litige, soit parce que l'objet du litige est indivisible, soit parce que l'appel tend à l'annulation du jugement. Dans ce dernier cas, après avoir anéanti le jugement, la cour doit obligatoirement statuer sur le fond, même si l'appelant n'a pas formé d'appel réformation. Ensuite, la dévolution est limitée aux points déjà jugés en première instance (c'est l'immutabilité du litige ou « *tantum devolutum quantum judicatum* »), ce qui conduit à poser le principe de l'irrecevabilité des prétentions nouvelles en appel (les moyens nouveaux, les nouvelles pièces ou preuves sont, au contraire, recevables). La cour d'appel peut relever d'office cette irrecevabilité. Mais les ***exceptions* sont nombreuses** : les parties peuvent opposer la compensation, faire écarter les prétentions adverses ou faire juger les questions nées de l'intervention d'un tiers ou de la survenance ou de la révélation d'un fait ; elles peuvent soumettre des prétentions qui tendent aux mêmes fins que les prétentions initiales, même si leur fondement juridique est différent ; elles peuvent présenter les demandes qui en sont l'accessoire, la conséquence ou le complément nécessaire ; les intimés peuvent présenter des demandes reconventionnelles, si elles se rattachent aux prétentions initiales par un lien suffisant.

2) L'évocation

Si la cour d'appel infirme ou annule un jugement qui a ordonné une mesure d'instruction ou qui, statuant sur une exception de procédure, a mis fin à l'instance (CPC, art. 568), elle peut évoquer les points non jugés si elle estime de bonnes justices de donner à l'affaire une solution définitive. Elle peut ordonner une mesure d'instruction s'il y a lieu. L'évocation ne fait pas obstacle à l'application des articles 563 à 567 concernant les prétentions recevables en appel (art. 554 et 555 en ce qui concerne les interventions de tiers).

■ *L'instance devant la cour d'appel*

a) La procédure avec représentation obligatoire

En principe, le ministère d'avocat, seul qualifié depuis le 1er janvier 2012 pour postuler et conclure au nom des plaideurs, est obligatoire. La constitution d'avocat de l'appelant figure dans la déclaration d'appel à peine de nullité ; pour les intimés ou intervenants, la représentation résulte d'un acte de constitution d'avocat dénoncé aux autres parties par notification entre avocats, et remis au greffe par la voie électronique. Devant la chambre sociale de la cour d'appel, les parties ont le choix de se faire représenter par un avocat ou un défenseur syndical.

1) La procédure ordinaire

La déclaration ***unilatérale d'appel*** signée par l'avocat et remise au greffe de la cour d'appel contient les mentions prévues pour les actes d'huissier de justice (CPC, art. 648), ainsi que les indications prévues aux articles 901 et 58 du CPC, à savoir : l'identification de l'appelant (nom, prénoms, profession, domicile, nationalité, date et lieu de naissance), les nom, prénoms et domicile de l'intimé, la constitution de l'avocat de l'appelant, l'indication de la décision attaquée, et l'indication de la cour devant laquelle l'appel est porté.

Le décret du 6 mai 2017 a ajouté, à peine de nullité, ***l'indication des chefs du jugement expressément critiqués auxquels l'appel est limité*** (sauf si l'appel tend à l'annulation du jugement ou si l'objet du litige est indivisible). Selon l'article 58, la déclaration indique également « ***l'objet de la demande*** », c'est-à-dire les finalités de l'appel (infirmation totale, partielle, annulation) à peine de nullité. Elle est datée et signée par l'avocat. Toutes ces exigences sont prévues à peine de nullité de la déclaration d'appel (pour vice de forme, avec preuve d'un grief ; CPC, art. 114). La déclaration d'appel doit être accompagnée d'une copie de la décision ; elle vaut demande d'inscription au rôle et réalise donc la saisine de la cour d'appel (CPC, art. 901, dern. al.).

Pour ***les avocats***, la déclaration d'appel doit être remise au greffe, à peine d'irrecevabilité, par voie électronique (CPC, art. 930-1). Devant la chambre sociale, ***le défenseur syndical*** peut établir la déclaration d'appel sur support papier, la signer et la remettre au greffe en autant d'exemplaires qu'il y a de parties destinataires, plus 2, ou l'adresser par lettre RAR (il n'a pas accès au RPVA ; l'avocat a la même possibilité en dehors de son ressort).

Le greffier adresse à l'intimé un exemplaire de la déclaration par lettre simple, indiquant l'obligation de constituer avocat dans un délai de 15 jours (CPC, art. 902). L'avocat constitué par l'intimé avise celui de l'appelant et remet son acte de constitution au greffe par voie électronique (CPC, art. 903). Si la lettre simple de notification est retournée par la poste au greffe, ou lorsque l'intimé n'a pas constitué avocat dans le mois à compter de l'envoi de la lettre, le greffier en avise l'avocat de l'appelant pour qu'il signifie la déclaration d'appel par huissier de justice à l'intimé (CPC, art. 902, al. 2). Cette signification doit être effectuée dans le mois de l'avis adressé par le greffe à peine de ***caducité de la déclaration d'appel relevée d'office.***

Le premier président désigne la chambre à laquelle l'affaire est distribuée, ce dont les avocats sont avisés (CPC, art. 904). Le président de la chambre à laquelle l'affaire a été distribuée décide de son orientation soit en fixant une date d'appel de l'affaire à bref délai, soit en désignant un conseiller de la mise en état (CME). Le greffe en avise les avocats constitués (CPC, art. 904).

L'appelant dispose d'un délai de 3 mois à compter de la déclaration d'appel à peine de ***caducité*** de l'appel constatée d'office par le CME (CPC, art. 908), pour ***remettre au greffe ses conclusions conformes aux articles 910-1 et 910-4 du CPC***, et pour les notifier à l'avocat constitué de l'intimé (CPC, art. 911 et 906). Les conclusions exigées à peine de caducité de la déclaration d'appel par l'article 908 sont celles, adressées à la cour, qui sont remises au greffe et notifiées dans les délais prévus par ces textes et ***qui déterminent l'objet du litige*** (CPC, art. 910-1). À peine ***d'irrecevabilité***, relevée d'office, l'appelant doit présenter, dès les conclusions mentionnées à l'article 908, ***l'ensemble de ses prétentions sur le fond***. L'appelant doit notifier simultanément ses pièces. Si l'intimé n'a pas constitué, l'appelant a 1 mois supplémentaire pour les signifier à l'intimé (CPC, art. 911). La réforme institue un principe de concentration temporelle des prétentions sur le fond, mais elle laisse la possibilité de présenter ***de nouveaux moyens et de nouvelles preuves à l'appui des prétentions sur le fond invoquées jusqu'à l'ordonnance de clôture***.

L'intimé dispose de 3 mois à compter de la notification des conclusions de l'appelant (CPC, art. 908) pour remettre ses propres conclusions au greffe de la cour et pour les notifier à l'avocat de l'appelant, à peine d'irrecevabilité de ses conclusions relevée d'office par le CME (CPC, art. 909). L'irrecevabilité est une sanction sévère, parce qu'elle interdit ensuite à l'intimé de se défendre dans l'instance, et les pièces qu'il a communiquées sont elles-mêmes irrecevables (CPC, art. 906). Seule la preuve d'un cas de force majeure lui permet d'échapper à l'irrecevabilité (CPC, art. 910-3). Le contenu des conclusions est le même que pour l'appelant : les articles 910-1 et 910-4 du CPC sont applicables (elles déterminent l'objet du litige, et contiennent l'ensemble des prétentions au fond). ***Mais*** l'intimé doit ***aussi*** former appel incident ou provoqué : à défaut, l'intimé auquel les conclusions de l'appelant ont été régulièrement notifiées, et qui n'a pas formé cet appel incident dans le délai ou dont l'appel incident a été déclaré irrecevable n'est plus recevable à former un appel principal, même si le jugement n'a pas été signifié.

L'intimé à un appel incident ou à un appel provoqué dispose de 3 mois à compter de la notification qui lui est faite de cet appel incident pour remettre ses conclusions (les dispositions des art. 910-1 et s. du CPC sont applicables) au greffe, à peine d'irrecevabilité relevée d'office, et pour communiquer simultanément ses pièces (CPC, art. 910, 911 et 906).

Si une demande d'aide juridictionnelle a été formée par l'intimé, les délais courent à compter, soit de la notification de la décision constatant la caducité de la demande, soit de la date à laquelle la décision d'admission ou de rejet de la demande est devenue définitive, ou, en cas d'admission, de la date, si elle est plus tardive, à laquelle l'auxiliaire de justice a été désigné (D. 91-1266, 19 déc. 1991, art. 38-1).

Dans les quinze jours suivant l'expiration des délais pour conclure et communiquer les pièces, le conseiller de la mise en état doit examiner l'affaire. Soit l'affaire est en état, et le conseiller de la mise en état ***fixe la date de la clôture et celle des plaidoiries*** (CPC, art. 912). Si au contraire, l'affaire nécessite de nouveaux échanges de conclusions, dans les limites prévues aux articles 910-1 à 910-4 du CPC, ***il en fixe le calendrier, après avoir recueilli l'avis des avocats***. Si l'une des parties ne respecte pas le calendrier, le CME peut prononcer la clôture partielle, comme c'est le cas actuellement (l'article 913 du CPC reprend l'art. 780, auquel renvoie à l'art. 910) ; il rétracte l'ordonnance de clôture partielle, d'office ou lorsqu'il est saisi de conclusions à cette fin, pour permettre de répliquer à des demandes ou à des moyens nouveaux présentés par une partie postérieurement à cette ordonnance ou en cas de « cause grave et légitime » (CPC, art. 913). Les parties peuvent, jusqu'à la clôture de l'instruction, invoquer de ***nouveaux moyens et produire de nouvelles pièces***. Le conseiller de la mise en état dispose de nombreuses attributions : il statue même à titre exclusif sur les points visés à l'article 914 du CPC (la caducité de l'appel, l'irrecevabilité des conclusions sur le fondement des art. 909 et 910 du CPC, la recevabilité de l'appel...). Ces ordonnances ont autorité de la chose jugée au principal lorsqu'il statue sur ces questions. Elles peuvent être déférées à la cour d'appel dans les 15 jours de leur date. Il dispose aussi des mêmes pouvoirs de mise en état que le juge de la mise en état devant le TGI (CPC, art. 771, sur renvoi de l'art. 907).

Quinze jours avant la date fixée pour l'audience des plaidoiries, les dossiers, comprenant les copies des pièces visées dans les conclusions et numérotées dans l'ordre du bordereau récapitulatif, sont déposés à la cour (CPC, art. 912, al. 3). L'article 954 du Code de procédure civile a été modifié par le décret du 6 mai 2017 pour modéliser les écritures des parties. Elles contiennent, en en-tête, les indications prévues à l'article 961 (identification du concluant à peine d'irrecevabilité, régularisable jusqu'à l'ordonnance de clôture). Elles sont dites « qualificatives » parce qu'elles doivent formuler expressément les prétentions des parties et les moyens de fait et de droit sur lesquels chacune de ces prétentions est fondée avec indication pour chaque prétention des pièces invoquées et de leur numérotation. Un bordereau récapitulatif des pièces est annexé. Elles suivent un plan précis : les conclusions comprennent distinctement un exposé des faits et de la procédure, l'énoncé des chefs de jugement critiqués, une discussion des prétentions et des moyens ainsi qu'un dispositif récapitulant les prétentions. Si, dans la discussion, des moyens nouveaux par rapport aux précédentes écritures sont invoqués au soutien des prétentions, ils sont présentés de manière formellement distincte. Les dernières conclusions sont doublement récapitulatives : d'abord, les parties doivent reprendre, dans leurs dernières écritures, les prétentions et moyens précédemment présentés ou invoqués dans leurs conclusions antérieures. À défaut, elles sont réputées les avoir abandonnés et la cour ne statue que sur les dernières conclusions déposées. Dans un avis donné le 10 juillet 2000, la Cour de cassation a considéré que les formules de renvoi ou de référence à des écritures précédentes contenues dans les « dernières conclusions » ne satisfont pas aux exigences légales. Dès lors, il appartient aux parties de reprendre toutes les prétentions si elles figuraient dans des conclusions en demande ou en défense, qui déterminaient l'objet du litige ou qui soulevaient un incident de nature à mettre fin à l'instance. Ensuite, la cour ne statue que sur les prétentions énoncées au dispositif et n'examine les moyens au soutien de ces prétentions que s'ils sont invoqués dans la discussion.

2) La procédure à jour fixe

C'est une procédure d'appel accélérée, suivie sur autorisation du Premier président parce que les droits d'une partie sont en péril. S'il obtient l'autorisation, l'appelant assigne la partie adverse pour le jour fixé. Copies de la requête, de l'ordonnance du premier président, et un exemplaire de la déclaration d'appel visé par le greffier ou une copie de la déclaration d'appel dans le cas mentionné au troisième alinéa de l'article 919, sont joints à l'assignation. L'assignation informe l'intimé que, faute de constituer avocat avant la date de l'audience, il sera réputé s'en tenir à ses moyens de première instance. L'assignation indique à l'intimé qu'il peut prendre connaissance au greffe de la copie des pièces visées dans la requête et lui fait sommation de communiquer avant la date de l'audience les nouvelles pièces dont il entend faire état.

À l'audience, le Président de la chambre s'assure que l'intimé a eu le temps de préparer sa défense :

- si l'intimé n'a pas constitué avocat, la cour statue par arrêt réputé contradictoire, et se fonde sur les moyens de première instance ;
- si l'intimé a constitué avocat, les débats ont lieu sur le champ ou à la plus prochaine audience ;
- enfin, si une instruction de l'affaire s'avère nécessaire, le président de la chambre peut la renvoyer devant un conseiller de la mise en état.

3) La procédure de fixation à bref délai

Cette procédure est suivie lorsque l'affaire est en état ou semble présenter un caractère d'urgence, lorsque l'appel est relatif à une ordonnance de référé ou rendue en la forme des référés ou à une ordonnance du juge de la mise en état énumérée aux 1° à 4° de l'article 776 du Code de procédure civile (CPC, art. 905) : le président de la chambre peut, d'office ou à la demande d'une partie, fixer à bref délai l'audience à laquelle l'affaire sera appelée.

Les modalités procédurales ont été modifiées par le décret du 6 mai 2017. Lorsque l'affaire est fixée à bref délai par le président de la chambre, ***l'appelant*** signifie la déclaration d'appel dans les dix jours de la réception de l'avis de fixation qui lui est adressé par le greffe à peine de ***caducité de la déclaration d'appel*** relevée d'office par le président de la chambre ou le magistrat désigné par le premier président ; cependant, si, entre-temps, l'intimé a constitué avocat avant signification de la déclaration d'appel, il est procédé par voie de notification à son avocat. À peine de nullité, ***l'acte de signification*** indique à l'intimé que, faute pour lui de constituer avocat dans un délai de quinze jours à compter de celle-ci, il s'expose à ce qu'un arrêt soit rendu contre lui sur les seuls éléments fournis par son adversaire et que, faute de conclure dans le délai mentionné l'article 905-2, il s'expose à ce que ses écritures soient déclarées d'office irrecevables.

L'appelant dispose d'un délai d'un mois à compter de la réception de l'avis de fixation de l'affaire à bref délai pour remettre ses conclusions au greffe, à peine de caducité de la déclaration d'appel, relevée d'office par ordonnance du président de la chambre saisie ou du magistrat désigné par le premier président.

L'intimé dispose, à peine d'irrecevabilité relevée d'office par ordonnance du président de la chambre saisie ou du magistrat désigné par le premier président, d'un délai d'un mois à compter de la notification des conclusions de l'appelant pour remettre ses conclusions au greffe et former, le cas échéant, appel incident ou appel provoqué. ***L'intimé à un appel incident ou à un appel provoqué*** dispose, à peine d'irrecevabilité relevée d'office par ordonnance du président de la chambre saisie ou du magistrat désigné par le premier président, d'un délai d'un mois à compter de la notification de l'appel incident ou de l'appel provoqué à laquelle est jointe une copie de l'avis de fixation pour remettre ses conclusions au greffe.

L'intervenant forcé à l'instance d'appel dispose, à peine d'irrecevabilité relevée d'office par ordonnance du président de la chambre saisie ou du magistrat désigné par le premier président, d'un délai d'un mois à compter de la notification de la demande d'intervention formée à son encontre à laquelle est jointe une copie de l'avis de fixation pour remettre ses conclusions au greffe. L'intervenant volontaire dispose, sous la même sanction, du même délai à compter de son intervention volontaire.

Les dispositions générales applicables à la procédure ordinaire intéressent le circuit (CPC, art. 905). Les exigences relatives aux conclusions (art. 910-1 et la définition de l'objet du litige, art. 910-4 et la concentration des prétentions, art. 954 et la modélisation des écritures, art. 960 et 961 sur les mentions à peine d'irrecevabilité) sont applicables. Seule la force majeure peut faire échapper aux sanctions (CPC, art. 910-3). Les ordonnances du président ou du magistrat désigné par le premier président de la chambre saisie statuant sur la fin de non-recevoir tirée de l'irrecevabilité de l'appel, sur la caducité de celui-ci ou sur l'irrecevabilité des conclusions et des actes de procédure en application du présent article et de l'article 930-1 ont autorité de la chose jugée au principal.

À l'audience fixée, il est procédé selon les modalités prévues aux articles 760 à 762 du CPC : renvoi à l'audience des débats, ou renvoi à une seconde audience si un ultime échange de pièces ou de conclusions est nécessaire, ou renvoi devant un conseiller de la mise en état s'il convient d'instruire l'affaire.

b) La procédure sans représentation obligatoire

Elle concerne, notamment, l'appel des jugements des tribunaux paritaires de baux ruraux, des tribunaux des affaires de sécurité sociale et du juge de l'exécution en matière de surendettement.

La déclaration d'appel se fait ou s'adresse par pli recommandé au greffe de la cour, elle peut également être remise par voie électronique. Elle comporte les mentions prescrites par l'article 58. Elle désigne le jugement dont il est fait appel, ***précise les chefs du jugement critiqués*** auquel l'appel est limité, sauf si l'appel tend à l'annulation du jugement ou si l'objet du litige est indivisible, et mentionne, le cas échéant, le nom et l'adresse du représentant de l'appelant devant la cour. Elle est accompagnée de la copie de la décision. Dès l'accomplissement des formalités par l'appelant, le greffe avise, par tous moyens, la partie adverse de l'appel, lui adresse une copie de la déclaration d'appel et l'informe qu'elle sera ultérieurement convoquée devant la cour.

Le greffier de la cour convoque le défendeur à l'audience prévue pour les débats, dès sa fixation et quinze jours au moins à l'avance, par lettre recommandée avec demande d'avis de réception. Le demandeur est avisé par tous moyens des lieu, jour et heure de l'audience. La convocation vaut citation. Si la partie n'a pas été jointe, une nouvelle convocation peut avoir lieu par huissier de justice (CPC, art. 938).

À l'audience, si l'affaire n'est pas en état, son instruction est confiée à l'un des membres de la chambre, le magistrat chargé d'instruire l'affaire, qui dispose de pouvoirs analogues à ceux du conseiller de la mise en état. ***La procédure est orale***, ce qui signifie que la présence physique à l'audience de la partie (ou de son représentant) est imposée, et que les dispositions des articles 446-2 et 446-3 du Code de procédure civile sont applicables (CPC, art. 939). Le magistrat instructeur peut donc organiser les échanges par renvois à des audiences successives, ou établir un calendrier de tous les échanges avec les parties, et même dispenser ces dernières de présence physique à l'audience (CPC, art. 946). Il applique les mêmes sanctions prévues à l'article 446-2 du Code de procédure civile en cas de méconnaissance du calendrier : rappel de l'affaire et jugement ou radiation ; rejet des débats des prétentions et moyens présentés après les délais prévus dans les conditions de l'article 446-2, et, avec leur accord, abandon des prétentions et moyens non repris dans les conclusions récapitulatives. Si les parties sont toutes assistées ou représentées par un avocat, des conclusions écrites sont échangées selon le calendrier conformément aux dispositions générales (CPC, art. 446-2, mod. D. 6 mai 2017).

Lorsque l'affaire est en état, les débats ont lieu devant la chambre en formation collégiale, ou devant le magistrat chargé d'instruire l'affaire qui en rendra compte à la cour dans son délibéré. Les débats se déroulent conformément au droit commun, et l'arrêt est élaboré et prononcé selon les règles générales.

2 L'opposition

L'opposition est une voie ordinaire de recours qui permet à la partie défaillante de faire rétracter le jugement rendu par défaut. Il s'agit plus d'un instrument de rétablissement du contradictoire que d'un recours, puisque l'instance primitive recommence afin que le défendeur puisse exercer ses droits de la défense.

■ *Les conditions*

Seuls les jugements rendus par défaut peuvent être attaqués par la partie défaillante, dans le délai d'un mois à compter de la notification régulière du jugement (ce délai suspend l'exécution du jugement par défaut attaqué). Lorsque le défendeur ne comparaît pas, le jugement est rendu par défaut si la décision est en dernier ressort et si la citation n'a pas été délivrée à personne. En cas de pluralité de défendeurs, deux situations sont prévues :

- ***le jugement est réputé contradictoire*** à l'égard de tous si la décision est susceptible d'appel ou si ceux qui ne comparaissent pas ont été cités à personne (il n'y aura pas d'opposition) ;
- ***le jugement est rendu par défaut*** lorsque la décision n'est pas susceptible d'appel et que l'un au moins des défendeurs qui n'a pas comparu n'a pas été cité à personne (CPC, art. 474). Dans cette dernière hypothèse, les parties qui ont comparu ou ont été citées à personne ne pourront pas faire opposition, ce recours étant réservé au « défaillant » (CPC, art. 571, al. 2).

■ *Les effets de l'opposition formée*

Le déroulement de l'instance : l'opposition est formée de la même façon que la demande en justice devant la juridiction qui a rendu le jugement attaqué, ou par notification entre avocats lorsque la représentation est obligatoire. L'acte d'opposition doit contenir les moyens du défaillant, à peine de nullité pour vice de forme. L'affaire est instruite et jugée selon les règles applicables devant la juridiction qui a rendu la décision frappée d'opposition.

La reprise de l'instance primitive par l'opposition conduit à remettre en question devant la même juridiction les points jugés par défaut. La recevabilité des prétentions respectives du demandeur et de l'opposant s'apprécie en fonction de la demande primitive, suivant les règles ordinaires : les demandes additionnelles, reconventionnelles... sont recevables si elles se rattachent aux demandes primitives par un lien suffisant. Le délai d'opposition comme l'acte d'opposition suspendent l'exécution du jugement par défaut, à moins que le juge ait ordonné l'exécution provisoire.

L'issue de l'instance sur opposition est double :

– si le juge déclare l'opposition irrecevable ou non fondée, le jugement par défaut retrouve son autorité et est exécuté ;

– si le juge déclare l'opposition bien fondée, il rétracte le jugement par défaut qui se trouve anéanti, ce qui donne lieu à restitution ainsi qu'à des dommages-intérêts, s'il y avait eu exécution provisoire du jugement.

Les voies extraordinaires de recours

Chapitre 13

Trois voies extraordinaires de recours sont organisées par le Code de procédure civile : la tierce opposition, le recours en révision et le pourvoi en cassation. Ces recours ne suspendent pas l'exécution de la décision attaquée, et ne sont ouverts que dans des cas limitativement énumérés par la loi.

1 Le pourvoi en cassation

Le pourvoi en cassation tend à faire censurer par la Cour de cassation la non-conformité du jugement qu'il attaque aux règles de droit. La Cour de cassation est considérée en principe comme un juge du droit, et non un troisième degré de juridiction, en ce sens qu'elle ne statue pas sur les faits litigieux. Mais elle peut statuer au fond si elle casse une décision et qu'elle estime que l'intérêt d'une bonne administration de la justice le justifie. Elle peut également être saisie par une juridiction de l'ordre judiciaire, pour donner ***un avis*** sur une question de droit nouvelle, présentant une difficulté sérieuse et se posant dans de nombreux litiges. Elle reçoit les ***questions prioritaires de constitutionnalité*** des juridictions du fond, afin de prendre la décision de les renvoyer au Conseil constitutionnel (CPC, art. 128-8). Lorsque le Protocole n° 16 sera ratifié, elle pourra solliciter un avis de la Cour européenne des droits de l'homme sur une question d'interprétation de la Convention européenne des droits de l'homme.

Des groupes de travail ont été mis en place au sein de la Cour de cassation (le rapport a été rendu public en avril 2017) pour proposer des réformes en vue de l'instauration éventuelle d'un filtrage des pourvois (par ex. seuls ceux qui portent sur une question importante donneraient lieu à un arrêt), de la mise en place de traitements différenciés des affaires (celles qui sont urgentes, qui posent une question importante sur le plan social et ou économique...), d'une rédaction plus compréhensible de la motivation des arrêts, etc.

Le pourvoi en cassation n'a ***pas d'effet suspensif de l'exécution*** (sauf exceptions, comme en matière de divorce, ou de nationalité). À la demande du défendeur et sur avis du procureur général et des parties, le Premier président de la Cour de cassation peut radier l'affaire du rôle de la cour, si le demandeur au pourvoi ne justifie pas avoir exécuté les condamnations (sauf si le Premier président estime que l'exécution serait de nature à entraîner des conséquences manifestement excessives ou que le demandeur est dans l'impossibilité d'exécuter). Le Premier président peut autoriser la réinscription de l'affaire sur justification de l'exécution, au plus tard dans les deux ans, à peine de péremption de l'instance. Depuis le décret n° 2014-1338 du 6 novembre 2014, la demande de radiation du pourvoi interrompt le délai de défense (CPC, art. 1009-1) et interdit l'examen du pourvoi incident.

■ *L'ouverture du pourvoi en cassation*

a) Les titulaires du recours

Toutes les parties au jugement peuvent former un pourvoi, à condition d'avoir intérêt à agir, c'est-à-dire d'avoir succombé partiellement ou totalement (même si la disposition qui est défavorable à la partie ne profite pas à son adversaire). En cas d'indivisibilité entre plusieurs parties, le pourvoi formé par l'une d'elles produit effet à l'égard des autres. Le défendeur au pourvoi peut former un pourvoi incident ou provoqué. Le Ministère public partie principale peut se pourvoir en cassation contre la décision rendue. Même s'il n'était pas partie, il peut toujours se pourvoir en cassation dans l'intérêt de la loi (l'arrêt de cassation n'a alors aucun effet dans les rapports entre les parties qui restent soumises au jugement) ; ou pour faire sanctionner un excès de pouvoir du juge, sur ordre du garde des Sceaux. Le décret n° 2014-1338 du 6 novembre 2014 a modernisé le pourvoi du procureur général (CPC, art. 639-1 à 639-4) : le pourvoi doit être exercé dans les 5 ans de la décision irrévocable ; la procédure est devenue contradictoire (les parties disposent de 2 mois pour faire valoir leurs observations).

b) L'objet du recours

Le pourvoi n'est ouvert qu'à l'encontre des jugements rendus en dernier ressort, quelle que soit la juridiction qui a statué. Il peut s'agir de jugements définitifs sur le fond, mais aussi de décisions qui tranchent dans leur dispositif une partie du principal, et ordonnent une mesure d'instruction ou une mesure provisoire, ou encore de jugements qui statuent sur une exception de procédure, une fin de non-recevoir ou tout incident, mettant fin à l'instance. Le jugement avant-dire-droit, qui se borne à ordonner une mesure d'instruction en dernier ressort, ne peut être frappé de pourvoi qu'avec le jugement sur le fond. En revanche, un arrêt par lequel la cour d'appel se prononce sur sa compétence sans statuer sur le fond du litige peut être frappé d'un pourvoi immédiat (CPC, art. 607-1).

Les actes non juridictionnels du juge (mesures d'administration judiciaire) ne peuvent pas être frappés de pourvoi.

Le pourvoi n'est ouvert que dans les cas de non-conformité du jugement aux règles de droit. Certains griefs concernent la violation de la loi (mauvaise interprétation d'une règle de droit, ou mauvaise application du droit aux faits). D'autres griefs concernent l'insuffisance du jugement en raison d'un défaut de motifs (auquel on assimile la contradiction de motifs, les motifs dubitatifs et hypothétiques, et la contradiction entre les motifs et le dispositif) ou d'un manque de base légale, lorsque les motifs du jugement sont insuffisants pour pouvoir vérifier si la règle de droit a été correctement appliquée ; ou encore d'un défaut de réponse à conclusions, si le jugement ne contient pas d'énonciations relativement aux moyens des parties. D'autres griefs visent la contrariété de jugements, afin d'obtenir la cassation d'une des décisions inconciliables rendues dans la même affaire.

c) Le délai du recours

Il est en principe de deux mois à compter de la signification de la décision en dernier ressort.

■ *La procédure du pourvoi en cassation*

a) Avec représentation obligatoire

La constitution d'un avocat au Conseil d'État et à la Cour de cassation (avocat « aux conseils ») est obligatoire (c'est le cas devant toutes les chambres civiles, y compris devant la Chambre sociale de la Cour de cassation depuis un décret du 20 août 2004). La déclaration de pourvoi est faite par acte signé par l'avocat, remis au greffe de la cour, identifiant l'auteur du recours et la décision attaquée (CPC, art. 975 ; les avocats aux Conseils recourent à la communication électronique avec la Cour). Le greffier adresse une lettre simple au défendeur contenant un exemplaire de la déclaration et l'informe de l'obligation de constituer avocat aux conseils.

La procédure est écrite et entièrement dématérialisée, jusqu'à l'arrêt. Le demandeur doit, dans les 4 mois, remettre au greffe et signifier au défendeur un mémoire exposant ses moyens de droit, à peine de déchéance. Dans ce même délai, il doit remettre au greffe un certain nombre de documents concernant l'affaire (copie de la décision attaquée et du jugement de 1re instance : en cas de transmission incomplète ou d'erreur matérielle, l'avocat du demandeur peut y remédier dans un délai fixé par le conseiller rapporteur). Le défendeur dispose de 2 mois à compter de la signification du mémoire pour remettre au greffe un mémoire en réponse et le notifier au demandeur, ou former un pourvoi incident, à peine d'irrecevabilité. Tous ces envois se font par la voie électronique.

La procédure se déroule ensuite devant la formation restreinte de trois magistrats de la Chambre civile à laquelle l'affaire a été distribuée, qui dispose de plusieurs prérogatives (COJ, art. L. 431-1). Elle peut déclarer non-admis le pouvoir irrecevable ou non-fondé sur un moyen sérieux de cassation. Elle peut statuer lorsque la solution du pourvoi s'impose. À défaut, l'affaire est jugée par la chambre en formation collégiale ordinaire de cinq magistrats. La chambre saisie peut solliciter l'avis d'une autre chambre sur un point de droit qui relève de la compétence de cette dernière (la Chambre sociale donne un avis en droit du travail à la Chambre civile). Une Chambre mixte peut statuer pour mettre fin à une controverse entre différentes chambres de la cour (COJ, art. L. 431-5). L'Assemblée plénière est saisie, lorsque l'affaire pose une question de principe, en cas de solutions divergentes entre les juges du fond, ou entre des juges du fond et la Cour de cassation (COJ, art. L. 431-6).

À l'audience, les débats sont publics (sauf exceptions). Le conseiller présente son rapport, les avocats sont entendus s'ils le demandent, puis le Ministère public donne son avis (une réponse peut être faite par les avocats, avec l'autorisation de la Cour, sous la forme d'une note en délibéré). La formation délibère ensuite en Chambre du conseil, et l'arrêt est prononcé publiquement.

b) Sans représentation obligatoire

Les parties sont exceptionnellement dispensées du ministère d'avocat aux conseils. Le pourvoi est alors formé par déclaration écrite que la partie ou tout mandataire muni d'un pouvoir spécial remet ou adresse par lettre recommandée avec demande d'avis de réception au greffe de la Cour de cassation. Le greffier enregistre le pourvoi et en adresse copie au défendeur, par lettre RAR, et demande communication du dossier au greffe de la juridiction qui a rendu la décision attaquée. Le demandeur doit faire parvenir, dans un délai de trois mois, un mémoire énonçant ses moyens de cassation, notifié par le greffier au défendeur. Ce dernier dispose de deux mois à compter de la notification du mémoire du demandeur pour adresser un mémoire en réponse et former, le cas échéant, un pourvoi incident. Le dossier est examiné par un conseiller rapporteur, et l'avocat général doit donner son avis. À l'audience, la formation entend le rapporteur, les parties peuvent être entendues sur leur demande, puis l'avocat général exprime son point de vue. Le délibéré est ouvert, à huis clos, et l'arrêt prononcé ultérieurement lors d'une audience publique.

■ *Les suites du pourvoi*

a) L'élaboration de l'arrêt

Elle est soumise aux règles générales des jugements, avec cette précision que l'arrêt est entièrement dématérialisé. La décision est signée par le président, le rapporteur et le greffier ; une copie est envoyée à la juridiction dont émane la décision attaquée.

b) La portée de l'arrêt

Il varie selon la décision de la cour :

- ***l'arrêt de rejet ou de non-admission*** du pourvoi rend la décision attaquée irrévocable. Les dépens de l'instance de cassation sont supportés par le demandeur qui succombe, à moins d'une décision contraire. Le demandeur en cassation qui succombe ou dont le pourvoi n'est pas admis peut, en cas de recours jugé abusif, être condamné à une amende civile dont le montant ne peut excéder 10 000 euros et, dans les mêmes limites, au paiement d'une indemnité envers le défendeur (CPC, art. 628) ;
- ***l'arrêt de cassation totale*** anéantit rétroactivement tous les chefs du jugement attaqué. Si la cassation est partielle, elle n'anéantit que les chefs du jugement qu'elle atteint, et est déterminée par le dispositif de l'arrêt qui la prononce. Elle s'étend également à l'ensemble des dispositions du jugement cassé ayant un lien d'indivisibilité ou de dépendance nécessaire (CPC, art. 624). La cassation replace les parties dans l'état où elles étaient avant le jugement cassé, et toutes les décisions qui constituaient la suite, l'application ou l'exécution du jugement cassé, ou qui s'y rattachent par un lien de dépendance nécessaire, sont annulées par voie de conséquence.

c) Les suites du procès

L'étendue des pouvoirs de la Cour de cassation diffère selon qu'elle peut juger sans renvoi ou qu'elle doit renvoyer devant un juge du fond.

Décisions	Effets
Si l'arrêt casse sans renvoi	parce qu'il ne reste plus rien à juger sur le fond (le juge avait appliqué une loi abrogée, il n'y a plus lieu de statuer une nouvelle fois), ou parce que les faits, constatés et appréciés par les juges du fond, permettent à la Cour de cassation d'appliquer la règle de droit appropriée, le procès se termine par la décision de cassation. La Cour statue sur les dépens de toutes les instances, et son arrêt emporte exécution forcée.

Si l'arrêt casse et renvoie devant un juge du fond	la Cour de cassation renvoie devant la même juridiction que celle qui a rendu la décision cassée, autrement composée, ou une autre juridiction de même nature et de même degré. Les parties devront saisir la juridiction de renvoi, dans les quatre mois de la notification de l'arrêt de cassation faite à partie, en formant une déclaration au secrétariat de la juridiction désignée. Le secrétaire de la juridiction adresse copie de la déclaration aux diverses parties à la cassation.
Si l'arrêt casse et que la Cour de cassation juge le fond	La Cour de cassation peut estimer que l'intérêt d'une bonne administration de la justice justifie qu'elle statue elle-même sur le fond pour donner une solution définitive rapidement. Le président de la formation ou le conseiller rapporteur précise les chefs du dispositif de la décision attaquée susceptibles d'être atteints par la cassation et les points sur lesquels il pourrait être statué au fond. Le cas échéant, il peut demander aux parties de communiquer, dans le respect du principe de la contradiction et selon les modalités qu'il définit, toute pièce utile à la décision sur le fond envisagée.

Devant la juridiction de renvoi, l'affaire est rejugée en fait et en droit sur tous les points cassés.

Si le renvoi implique la saisine d'une cour d'appel, le décret du 6 mai 2017 a prévu une procédure spécifique. À moins que la juridiction de renvoi n'ait été saisie sans notification préalable, la déclaration doit, à peine d'irrecevabilité relevée d'office, être faite avant l'expiration d'un délai de deux mois à compter de la notification de l'arrêt de cassation faite à la partie. L'absence de déclaration dans le délai ou l'irrecevabilité de celle-ci confère force de chose jugée au jugement rendu en premier ressort lorsque la décision cassée avait été rendue sur appel de ce jugement. Le greffier de la juridiction de renvoi adresse aussitôt, par lettre simple, à chacune des parties à l'instance de cassation, copie de la déclaration avec, s'il y a lieu, l'indication de l'obligation de constituer avocat. En cas de non-comparution, les parties défaillantes sont citées de la même manière que le sont les défendeurs devant la juridiction dont émane la décision cassée. En cas de renvoi devant la cour d'appel, lorsque l'affaire relevait de la procédure ordinaire, celle-ci est fixée à bref délai dans les conditions de l'article 905 du CPC.

La déclaration de saisine est signifiée par son auteur aux autres parties à l'instance ayant donné lieu à la cassation dans les dix jours de la notification par le greffe de l'avis de fixation. Ce délai est prescrit à peine de caducité de la déclaration, relevée d'office par le président de la chambre ou le magistrat désigné par le premier président. Les conclusions de l'auteur de la déclaration sont remises au greffe et notifiées dans un délai de deux mois suivant cette déclaration. Les parties adverses remettent et notifient leurs conclusions dans un délai de deux mois à compter de la notification des conclusions de l'auteur de la déclaration. La notification des conclusions entre parties est faite dans les conditions prévues par l'article 911 du CPC et les délais sont augmentés conformément à l'article 911-2 du CPC. Les parties qui ne respectent pas ces délais ***sont réputées s'en tenir aux moyens et prétentions*** qu'elles avaient soumis à la cour d'appel dont l'arrêt a été cassé.

En cas ***d'intervention*** forcée, l'intervenant forcé remet et notifie ses conclusions dans un délai de deux mois à compter de la notification de la demande d'intervention formée à son encontre. Ce délai est prescrit à peine d'irrecevabilité relevée d'office par ordonnance du président de la chambre saisie ou du magistrat désigné par le premier président. L'intervenant volontaire dispose, sous la même sanction, du même délai à compter de son intervention volontaire. Les ordonnances du président de la chambre ou du magistrat désigné par le premier président statuant sur la caducité de la déclaration de saisine de la cour de renvoi ou sur l'irrecevabilité des conclusions de l'intervenant forcé ou volontaire ont autorité de la chose jugée. Elles peuvent être déférées dans les conditions des alinéas 2 et 4 de l'article 916 du CPC.

Les parties peuvent invoquer de nouveaux moyens, et former des prétentions nouvelles, dans les mêmes conditions que pour l'instance ayant abouti à la décision cassée (demandes reconventionnelles, compléments nécessaires des prétentions initiales). La juridiction de renvoi statue sur la charge de tous les dépens exposés devant les juges du fond, en première instance comme en appel, et sur ceux afférents à la décision cassée et à l'instance de renvoi. Elle n'est pas tenue de s'incliner devant la solution de la Cour de cassation (sauf si l'arrêt émane de l'assemblée plénière). Le cas échéant, un nouveau pourvoi sur le même moyen peut être formé. Il sera jugé en assemblée plénière, et la solution s'imposera alors aux seconds juges de renvoi (COJ, art. L. 431-4).

Lorsque la Cour de cassation change sa jurisprudence, elle décide parfois que le revirement ne produira pas ses effets immédiatement : par exemple, si une modification aboutit à priver la victime d'un procès équitable, la sécurité juridique et la protection des droits fondamentaux imposent que le revirement ne s'applique pas à sa situation.

2 La tierce opposition

La ***tierce opposition*** tend à faire rétracter ou réformer un jugement au profit d'un tiers qui l'attaque : en effet, l'exécution d'une décision modifie la situation juridique de la partie concernée, et le tiers qui entretient des relations juridiques avec cette partie peut voir ses intérêts lésés, puisque le jugement lui est opposable.

La recevabilité de la tierce opposition

Tout jugement, contentieux ou gracieux, est susceptible de tierce opposition, quelle que soit la juridiction qui a statué. Des exceptions légales interdisent ou restreignent les possibilités de tierce opposition pour certains litiges (nationalité, filiation, séparation de biens judiciaire).

Seuls les tiers, qui n'ont été ni parties, ni représentés en première instance ont qualité pour agir. La jurisprudence adopte une conception large de la représentation, qui concerne les cas de représentation légale, conventionnelle et judiciaire classiques, ainsi que les situations de communauté d'intérêts entre l'une des parties et une autre personne (la caution est censée avoir été représentée par le débiteur dans le procès qui oppose ce dernier à son créancier). La deuxième Chambre civile de la Cour de cassation décide au contraire que « *la communauté d'intérêts ne saurait suffire à caractériser cette représentation* ». Les créanciers ou autres ayants cause d'une partie, pourtant représentés, peuvent former tierce opposition si le jugement a été rendu en fraude de leurs droits, ou s'ils invoquent des moyens qui leur sont propres. Certaines personnes ne sont ni parties, ni représentées, mais n'ont pas la qualité de tiers au sens de la tierce opposition : il s'agit du juge qui a rendu la décision, de l'arbitre qui a prononcé la sentence arbitrale, de l'expert commis pour établir un rapport.

En matière gracieuse, la tierce opposition n'est ouverte qu'aux tiers auxquels la décision en premier ressort n'a pas été notifiée (si le jugement est rendu en dernier ressort, la tierce opposition est ouverte même si la décision n'a pas été notifiée).

Le tiers opposant doit avoir intérêt à agir, c'est-à-dire subir un dommage matériel ou moral résultant du dispositif du jugement rendu.

Le délai de tierce opposition principale (formée de façon autonome) est de trente ans à compter du jugement, sauf exceptions légales (1 an en matière d'homologation de changement de régime matrimonial ; 10 jours en matière de redressement ou de liquidation judiciaires), et sous réserve que la décision n'ait pas été notifiée au tiers, ce qui abrège le délai à deux mois. La tierce opposition incidente (formée contre un jugement qui est opposé au tiers dans le cadre d'un procès pendant) peut être formée sans limitation de temps.

Le régime de la tierce opposition

a) Le juge compétent

Si la tierce opposition est formée à titre principal, elle est jugée par la juridiction qui a rendu la décision attaquée, composée le cas échéant par les mêmes magistrats, puisqu'il s'agit d'une voie de rétractation. Si la tierce opposition est formée à titre incident, et se greffe sur une contestation principale, elle est une voie de rétractation ou une voie de réformation.

1) Voie de réformation

Le juge saisi de la ***tierce opposition incidente*** à la contestation principale statue sur le jugement rendu par une autre juridiction à condition qu'il soit de degré supérieur à celui qui a statué (la cour d'appel peut statuer sur la tierce opposition formée contre un jugement rendu par un tribunal du premier degré), ou, s'il est de degré égal, qu'aucune règle de compétence d'ordre public n'y fasse obstacle (le tribunal d'instance ne peut pas statuer sur un jugement rendu par un conseil des prud'hommes, en raison de la compétence exclusive de ce dernier).

2) Voie de rétractation

Le juge saisi du principal doit renvoyer l'examen de la tierce opposition incidente au juge qui a rendu la décision attaquée, soit parce que ce dernier est de degré supérieur au sien, soit parce que le juge qui a rendu le jugement critiqué bénéficie d'une compétence d'ordre public.

b) La procédure

Si la tierce opposition est principale, la demande est formée comme une demande principale devant la juridiction qui a rendu la décision attaquée. En cas de tierce opposition incidente, la demande est formée de la même manière que les demandes incidentes devant le juge saisi du principal (voie de réformation), ou comme une demande principale devant le juge compétent (voie de rétractation).

Ni le délai, ni la demande de tierce opposition n'ont d'effet suspensif de l'exécution, sauf décision contraire du juge, fondée sur le risque d'un dommage irréversible au tiers lésé.

L'instance se déroule suivant la procédure de droit commun applicable devant la juridiction qui doit statuer. Le juge statue à nouveau sur les points de fait et de droit déjà jugés, les demandes nouvelles étant irrecevables.

c) Les issues

Si le juge déboute le tiers ou le déclare irrecevable, le jugement attaqué aura autorité de chose jugée à l'égard du tiers opposant. Si le juge accueille la tierce opposition, la décision attaquée devient inopposable au tiers opposant, sur les chefs qui lui faisaient grief, mais elle conserve ses effets dans les rapports entre les parties, même sur les chefs annulés. Dans le cas d'indivisibilité, qui entraîne une impossibilité d'exécuter le jugement attaqué et la décision rendue sur tierce opposition en même temps, le jugement qui rétracte ou réforme la décision attaquée a un effet absolu à l'égard du tiers opposant et de toutes les parties appelées à l'instance.

3 Le recours en révision

Le recours en révision tend à faire rétracter un jugement passé en force de chose jugée pour qu'il soit à nouveau statué en fait et en droit.

■ *Le domaine*

Toute décision passée en force de chose jugée (insusceptible de recours suspensif de l'exécution) est susceptible de recours en révision, quelle que soit la juridiction qui a statué (à l'exception des arrêts de la Cour de cassation).

Les causes d'ouverture du recours en révision concernent certaines situations :

- soit il se révèle, après le jugement, que la décision a été surprise par la fraude de la partie au profit de laquelle il a été rendu ;
- soit, depuis le jugement, il a été recouvré des pièces décisives pour la solution du procès, que le gagnant avait intentionnellement retenues ;
- soit il a été jugé sur des pièces reconnues ou judiciairement déclarées fausses depuis le jugement ;
- soit il a été jugé sur des attestations, témoignages ou serments judiciairement déclarés faux depuis le jugement.

■ *La procédure*

Le délai : à partir du jour où la partie a eu connaissance de la cause de révision qu'elle invoque (la preuve de cette date lui incombe), elle dispose de deux mois pour agir en révision.

Le recours en révision est une voie de rétractation : l'affaire revient devant le juge qui a statué initialement. La demande est formée par citation (ou selon les modalités de présentation des moyens de défense lorsque le recours est incident), et toutes les parties au jugement doivent être appelées. Le recours est communiqué au ministère public. Il n'a pas d'effet suspensif de l'exécution du jugement attaqué.

Le juge saisi examine la recevabilité du recours en révision et, dans le même jugement, statue sur le fond du litige, avec un éventuel complément d'instruction. La révision peut être limitée à un seul chef du jugement, à moins que d'autres chefs du jugement soient dans une étroite dépendance par rapport à celui qui a fait l'objet d'une révision, ce qui provoque l'annulation de toute décision qui est la suite ou l'application du jugement rétracté. Le jugement sur recours en révision est susceptible des recours de droit commun, appel, pourvoi en cassation.

BIBLIOGRAPHIE

- Cadiet (L.), Jeuland (E.), *Droit judiciaire privé*, 9e éd., 2016, LexisNexis.
- Guinchard (S.), *L'ambition raisonnée d'une justice apaisée*, 2008, La Documentation française.
- Guinchard (S.), (sous la dir. de), *Droit et pratique de la procédure civile*, 2017-2018, Dalloz Action.
- Guinchard (S.), Ferrand (F.) et Chainais (C.), *Procédure civile, Droit interne et Droit de l'Union européenne*, 33e éd., 2016, Précis Dalloz.
- Fricero (N.) et Julien (P.), *Droit judiciaire privé*, 5e éd., par N. Fricero, 2014, LGDJ.
- Le Bars (Th.), *Droit judiciaire privé*, 6e éd., 2015, LGDJ.
- Magendie (J.-Cl.), *Célérité et qualité de la justice devant la cour d'appel*, 2008, La Documentation française.
- Solus (H.) et Perrot (R.), *Droit judiciaire privé*, Sirey :

  Tome 1 : Introduction, notions fondamentales et organisation judiciaire, 1961.

  Tome 2 : La compétence, 1973.

  Tome 3 : Procédure de première instance, 1991.
- Strickler (Y.) et Amrani-Mekki (S.), *Procédure civile*, 2014, Thémis.